# Quaderni del PLIDA

## L'italiano
### scritto
### parlato  certificato

A cura di Francesca Bariviera, Giammarco Cardillo, Francesco Di Paolo, Paola Vecchio
Coordinamento di Silvia Giugni
Supervisione scientifica di Silvia Giugni e Paolo Torresan

**Responsabile editoriale:** Ciro Massimo Naddeo
**Redazione:** Chiara Sandri
**Copertina:** Sergio Segoloni
**Illustrazioni:** Gianfranco Florio
**Attori:** Michele Lisi, Carlotta Mangione
Brani audio registrati presso lo studio D Sound di Roma
**Grafica e impaginazione:** Andrea Caponecchia

Printed in Italy

ISBN 978-88-6182-554-3

©2019 Alma Edizioni - Firenze
Prima edizione: marzo 2019

I brani audio per le prove di comprensione orale sono disponibili online in formato mp3.

**Fonti iconografiche**
**pagina 49** Wilawan Khasawong/123rf | Thanamat Somwan/123rf | Piotr Pawinski /123rf

L'editore è a disposizione degli aventi diritto per eventuali mancanze o inesattezze.
I diritti di traduzione, di memorizzazione elettronica, di riproduzione e di adattamento totale o parziale, con qualsiasi mezzo (compresi i microfilm e le copie fotostatiche), sono riservati per tutti i Paesi.

Alma Edizioni
viale dei Cadorna, 44
50129 Firenze
Tel. +39 055476644
Fax +39 055473531
alma@almaedizioni.it
www.almaedizioni.it

# INDICE

- presentazione — pagina 6
- introduzione — pagina 7
- contenuti dell'esame — pagina 9
   1. obiettivi generali e per singole abilità — pagina 10
   2. domini e contesti — pagina 11
   3. competenze comunicative e obiettivi generali — pagina 12
   4. temi e aree semantiche — pagina 14
   5. testi — pagina 15
- informazioni generali e istruzioni — pagina 17
- descrizione delle prove d'esame — pagina 19
- criteri di valutazione — pagina 25
- esercizi — pagina 35
- prova d'esame B1 — pagina 83
- trascrizioni — pagina 116
- soluzioni — pagina 124

## introduzione

### 🔸 PRESENTAZIONE

I Quaderni del PLIDA B1 sono i primi di una serie di nuovi materiali preparatori per la certificazione PLIDA che riflettono i cambiamenti apportati negli ultimi anni alle prove d'esame.

A partire dal 2011, infatti, mettendo a frutto la propria esperienza, i progressi nel campo della ricerca internazionale sul *testing* e le riflessioni nate dal confronto con le altre principali certificazioni linguistiche europee, il PLIDA ha avviato una profonda revisione del processo di certificazione.

Il nuovo *Sillabo della certificazione PLIDA* e i nuovi formati d'esame, consultabili sul sito www.plida.it, sono fortemente orientati all'azione, in linea con le indicazioni del *Quadro Comune Europeo di Riferimento per le lingue (QCER)*, sia nell'edizione del 2001 che nell'edizione aggiornata del 2017.

L'esame PLIDA B1 di nuovo formato si compone di quattro prove, una per ciascuna delle abilità linguistiche fondamentali (Ascoltare, Leggere, Scrivere e Parlare). Le competenze comunicative relative alle abilità che vengono testate nelle varie prove sono descritte nel *Sillabo* e nel *Quaderno delle specifiche PLIDA B1*, anch'essi consultabili sul sito www.plida.it. La competenza grammaticale dei candidati viene testata direttamente nelle prove di produzione scritta e orale e valutata attraverso apposite griglie.

I *Quaderni del PLIDA B1* sono pensati per gli studenti e per gli insegnanti che vogliono avvicinarsi alla certificazione PLIDA: nella prima parte illustrano in modo dettagliato le competenze richieste per questo livello e il formato della prova d'esame; nella seconda parte propongono, abilità per abilità, una serie di esercizi identici per formato e contenuto a quelli che gli studenti svolgono durante l'esame; nell'ultima parte, infine, è messa a disposizione una prova d'esame completa attraverso la quale gli studenti possono verificare la propria preparazione.

I *Quaderni* costituiscono quindi un utile strumento per familiarizzare con il formato d'esame. Possono essere utilizzati dagli insegnanti per preparare i propri studenti alla prova d'esame e, grazie alla presenza delle trascrizioni dei testi audio e delle chiavi degli esercizi, possono essere utilizzati dagli studenti in modalità di autoapprendimento.

Silvia Giugni
Responsabile del PLIDA, Progetto Lingua Italiana Dante Alighieri
Direttrice Certificazione PLIDA
Responsabile Centri Dante nel Mondo
Società Dante Alighieri

# Introduzione

### Che cos'è il PLIDA?
Il Progetto Lingua Italiana Dante Alighieri (PLIDA) offre assistenza scientifica e didattica ai Comitati della Società Dante Alighieri in Italia e all'estero e a tutti gli enti (Istituti Italiani di Cultura, università, scuole pubbliche e private / Centri Territoriali Permanenti e Centri Provinciali per l'Istruzione degli Adulti, associazioni di volontariato) che insieme alla Dante lavorano per la diffusione della lingua e della cultura italiane nel mondo. Il PLIDA promuove le migliori pratiche di insegnamento e produce materiali per la didattica e la valutazione dell'italiano L2/LS: manuali e corsi di lingua, corsi di formazione e aggiornamento e strumenti per la pianificazione didattica.

### La certificazione
Il certificato PLIDA attesta la competenza in lingua italiana come lingua straniera per i 6 livelli previsti dal *QCER*. Offre due percorsi di certificazione, uno rivolto a pubblico adulto (A1, A2, B1, B2, C1, C2) e uno rivolto a un pubblico di adolescenti, il PLIDA *Juniores* (A1, A2, B1, B2). Il PLIDA *Juniores* richiede le stesse competenze linguistiche generali necessarie al superamento dei test PLIDA ma propone testi e contesti d'uso familiari per i ragazzi tra i 13 e i 18 anni.

### Riconoscimenti
Il certificato PLIDA è riconosciuto:
- dal Ministero degli Affari Esteri e della Cooperazione Internazionale (n. 1903 del 04/11/93);
- dal Ministero dell'Interno (DM 04/06/2010; DPR 179/2011; L. 132 del 01/12/2018);
- dal Ministero dell'Istruzione, dell'Università e della Ricerca (n. 1906 del 09/10/06);
- dalla Regione Trentino-Alto Adige (DPR 86 del 14/05/2010);
- dalla Repubblica Ellenica (ASEP);
- dalla Regione di Aragona (Boletín Oficial de Aragón 237-03/12/2014).

Il certificato PLIDA viene erogato con il plauso scientifico dell'Università «Sapienza» di Roma.
La Società Dante Alighieri è membro fondatore dell'Associazione CLIQ (Certificazione Lingua Italiana di Qualità) che agisce in convenzione con il Ministero degli Affari esteri (prot. n. 577 dell'11/02/13).
Dal 2016 la Società Dante Alighieri è affiliata all'ALTE (Association of Language Testers in Europe).

### A chi è destinata la certificazione PLIDA?
Il certificato PLIDA è destinato a persone la cui lingua madre non è l'italiano. Al PLIDA hanno inoltre accesso tutti i cittadini italiani o stranieri di madrelingua italiana che abbiano bisogno di un certificato di competenza in lingua italiana per motivi di studio, di lavoro o di altro tipo.

### A che cosa serve la certificazione PLIDA?
Con il certificato PLIDA puoi:
- richiedere il permesso di soggiorno in Italia (dal livello A2);
- richiedere il permesso di lungo soggiorno in Italia (carta di soggiorno CE - dal livello A2);
- richiedere la cittadinanza italiana (dal livello B1);
- richiedere il visto di ingresso in Italia per ragioni di studio;
- essere esonerato dall'esame di italiano per il patentino di bilinguismo in Trentino-Alto Adige (livello C1);
- iscriverti all'università italiana (il livello richiesto varia in base ai singoli atenei e al tipo di facoltà).

### Dove fare l'esame?
I Centri certificatori PLIDA si trovano in tutto il mondo. Per consultare l'elenco aggiornato dei Centri certificatori, visita il sito www.plida.it.

# contenuti dell'esame

contenuti dell'esame

## 1 Obiettivi generali e per singole abilità

Il test PLIDA di livello B1 ha l'obiettivo di verificare se il candidato

è in grado di comprendere i punti essenziali di messaggi chiari in lingua standard su argomenti familiari che affronta normalmente al lavoro, a scuola, nel tempo libero, eccetera. Se la cava in molte situazioni che si possono presentare viaggiando in una regione dove si parla la lingua in questione. Sa produrre testi semplici e coerenti su argomenti che gli siano familiari o siano di suo interesse. È in grado di descrivere esperienze e avvenimenti, sogni, speranze, ambizioni, di esporre brevemente ragioni e dare spiegazioni su opinioni e progetti.

*Quadro comune europeo di riferimento per le lingue, p. 32*

### ◼ Produzione orale
È in grado di produrre, in modo ragionevolmente scorrevole, una descrizione semplice di uno o più argomenti che rientrano nel suo campo d'interesse, strutturandola in una sequenza lineare di punti.

*Quadro comune europeo di riferimento per le lingue, p. 73*

### ◼ Produzione scritta
Su una gamma di argomenti familiari che rientrano nel suo campo d'interesse è in grado di scrivere testi lineari e coesi, unendo in una sequenza lineare una serie di brevi espressioni distinte.

*Quadro comune europeo di riferimento per le lingue, p. 77*

### ◼ Comprensione orale
È in grado di comprendere i punti salienti di un discorso chiaro in lingua standard che tratti argomenti familiari affrontati abitualmente sul lavoro, a scuola, nel tempo libero, ecc., compresi brevi racconti.

*Quadro comune europeo di riferimento per le lingue, p. 83*

### ◼ Comprensione di un testo scritto
È in grado di leggere testi fattuali semplici e lineari su argomenti che si riferiscono al suo campo d'interesse raggiungendo un sufficiente livello di comprensione.

*Quadro comune europeo di riferimento per le lingue, p. 87*

### ◼ Interazione orale
È in grado di utilizzare un'ampia gamma di strumenti linguistici semplici per far fronte a quasi tutte le situazioni che possono presentarsi nel corso di un viaggio. Interviene, senza bisogno di una precedente preparazione, in una conversazione su questioni familiari, esprime opinioni personali e scambia informazioni su argomenti che tratta abitualmente, di suo interesse personale o riferiti alla vita di tutti i giorni (ad esempio famiglia, hobby, lavori, viaggi e fatti d'attualità).

*Quadro comune europeo di riferimento per le lingue, p. 93*

### ◼ Interazione scritta
È in grado di trasmettere informazioni e idee su argomenti sia astratti sia concreti, verificare le informazioni ricevute, porre domande su un problema o spiegarlo con ragionevole precisione. È in grado di scrivere lettere e appunti personali per chiedere o dare semplici informazioni di interesse immediato, riuscendo a mettere in evidenza ciò che ritiene importante.

*Quadro comune europeo di riferimento per le lingue, p. 102*

## 2 Domini e contesti

Qui di seguito vengono riportati, per ciascun dominio, alcuni contesti d'uso che ricorrono nelle prove di questo livello.

### Dominio personale
- in casa
- in occasioni varie di contatto (ritrovi, riunioni familiari, cene tra amici, ecc.)

### Dominio pubblico
- in giro per la città (per strada, in piazza, al parco, ecc.)
- in punti di ristoro (al bar, al ristorante, ecc.)
- agli sportelli di pubblico servizio (all'ufficio informazioni, in banca, alla posta, ecc.)
- al mercato e in negozi di generi alimentari
- in negozi ed esercizi pubblici vari (telefonia, elettricità, informatica, meccanico, ecc.)
- in uffici pubblici (uffici reclami, municipi, prefetture, questura, ecc.)
- in occasioni legate al viaggio (agenzie di viaggio, visite guidate, ecc.)
- sui mezzi di trasporto (in autobus, in taxi, ecc.)
- in occasioni legate al tempo libero (fiere, eventi culturali, eventi sportivi, ecc.)
- in luoghi di cura della salute e della persona (ospedale, farmacia, ecc.)

### Dominio professionale
- sul proprio posto di lavoro (riunioni, colloqui, presentazioni di prodotti, ecc.)

### Dominio educativo
- in classe e a scuola (incontri con gli insegnanti, riunioni con i genitori, ecc.)
- in segreteria
- in altri luoghi legati al proprio contesto educativo (palestra, mensa, cortile, biblioteca, ecc.)
- all'università

contenuti dell'esame

## 3 COMPETENZE COMUNICATIVE E OBIETTIVI GENERALI

### ■ Il candidato del livello B1 deve sapere — Esempi

| Il candidato del livello B1 deve sapere | Esempi |
|---|---|
| individuare e comprendere informazioni significative in materiale di uso corrente, quali lettere, opuscoli e brevi documenti ufficiali; | Scorrere il regolamento di un concorso per individuare informazioni rilevanti (requisiti di partecipazione, scadenze, modalità d'iscrizione, ecc.). |
| individuare in uno o più testi le informazioni necessarie per portare a termine un compito specifico; | Capire le istruzioni per comprare qualcosa su un sito internet. |
| leggere testi semplici e lineari su argomenti che si riferiscono al proprio campo di interesse; | Leggere in una guida turistica la descrizione di un luogo, di una città o di un monumento. |
| riconoscere le informazioni significative in articoli di giornale che trattino argomenti familiari; | Leggere un articolo di giornale (cronaca, cinema, moda, diete, sport, ecc.). |
| comprendere informazioni su argomenti comuni relativi alla vita di tutti i giorni o al lavoro, alla scuola, al tempo libero in un discorso pronunciato chiaramente e in lingua standard; | Parlare con gli insegnanti dei propri figli, del loro andamento scolastico e del loro comportamento. |
| comprendere brevi racconti; | Seguire alla radio o in tv un'intervista a un personaggio famoso che racconta episodi della propria infanzia, gli inizi della propria carriera, ecc. |
| comprendere semplici informazioni tecniche, quali istruzioni per l'uso di apparecchi di impiego quotidiano; | Comprendere un commesso che illustra il funzionamento e / o le caratteristiche di una tv, una lavastoviglie, un computer, ecc. |
| descrivere semplici attività relative al proprio campo d'interesse (di studio o di lavoro); | Riferire a un collega com'è andata una riunione. |
| parlare di eventi e azioni del passato recente; produrre semplici e brevi narrazioni; | Raccontare in un blog o in un forum la trama di un film o di un libro. |
| raccontare e descrivere esperienze e avvenimenti imprevisti; | Riportare i fatti relativi allo smarrimento o al furto di un oggetto, a un incidente stradale, ecc. |

| Il candidato del livello B1 deve sapere | Esempi |
|---|---|
| parlare di sogni, speranze, intenzioni e previsioni per il futuro, esprimendo gradi di certezza, probabilità e improbabilità; | Parlare dei propri progetti di studio o di lavoro. |
| parlare della propria salute; | Descrivere a un medico i sintomi di un malessere o un dolore. |
| confrontare e valutare alternative; paragonare oggetti o situazioni; | Scegliere un viaggio confrontando vari programmi. |
| affrontare situazioni impreviste che possono presentarsi in diversi ambiti della vita quotidiana; protestare e reclamare; | Chiedere il cambio di un capo di abbigliamento perché rovinato o chiedere la restituzione dei soldi. |
| esprimere opinioni personali e scambiare informazioni su argomenti quotidiani o di interesse personale, esprimendo accordo o disaccordo; | Commentare un evento sportivo in una conversazione tra amici. |
| consigliare, dare e seguire istruzioni semplici o parlare della propria incapacità di (o difficoltà a) fare qualcosa (nel presente o nel passato); | Spiegare come preparare un piatto, dettando e illustrando la ricetta. |
| dare o non dare il permesso di fare qualcosa; esprimere obblighi e divieti; | Spiegare a un nuovo collega le regole da tenere sul posto di lavoro. |
| esprimere i propri sentimenti (sorpresa, felicità, tristezza, interesse e indifferenza) e i propri bisogni; | Scrivere una lettera a un amico per congratularsi di un successo. |
| trasmettere per iscritto informazioni e idee su argomenti astratti e concreti, verificare le informazioni ricevute, fare domande su un problema o spiegarlo con ragionevole precisione; | Chiedere spiegazioni sulle informazioni contenute in un'e-mail ricevuta. |
| scrivere resoconti di esperienze, descrivendo sentimenti e impressioni. | Raccontare in un'e-mail un avvenimento particolare di cui si è stati protagonisti. |

contenuti dell'esame

## 4 TEMI E AREE SEMANTICHE

La tabella seguente fornisce un'indicazione di massima sui temi e sulle aree semantiche che potrebbero comparire nelle prove di lettura e di ascolto del livello B1. La gradazione di colore indica la presenza potenziale di ciascun tema e area semantica secondo la scala riportata qui sotto:

- **Presente in misura minima:** nelle prove di questo livello è poco probabile incontrare un testo, delle domande o degli elementi lessicali relativi a quest'area semantica.
- **Poco presente:** nelle prove di questo livello è probabile incontrare un testo, delle domande o degli elementi lessicali relativi a quest'area semantica.
- **Molto presente:** nelle prove di questo livello è molto probabile incontrare un testo, delle domande o degli elementi lessicali relativi a quest'area semantica.
- **Caratteristica del livello:** nelle prove di questo livello è prevista la presenza di testi, domande o elementi lessicali relativi a quest'area semantica.

| Area | B1 |
|---|---|
| Ambiente e tempo atmosferico | Molto presente |
| Arte, cultura e tempo libero | Molto presente |
| Casa | Poco presente |
| Cibo e bevande | Molto presente |
| Città | Poco presente |
| Comunicazione e media | Poco presente |
| Educazione | Caratteristica del livello |
| Emozioni e sentimenti | Caratteristica del livello |
| Famiglia | Presente in misura minima |
| Fare acquisti e pagare | Molto presente |
| Istituzioni e vita politica | Poco presente |
| Lavoro | Caratteristica del livello |
| Qualità personali | Caratteristica del livello |
| Rapporti sociali | Molto presente |
| Routine personale quotidiana | Poco presente |
| Salute e corpo umano | Caratteristica del livello |
| Tecnologia e scienza | Molto presente |
| Trasporti | Poco presente |
| Uffici pubblici e servizi | Molto presente |
| Vestiti e accessori | Poco presente |
| Viaggi e turismo | Molto presente |

# 5 TESTI

## Testi scritti
- Annunci di lavoro
- Annunci e avvisi di servizio (spostamento di sede di un ufficio, sospensione di un servizio, ecc.)
- Brevi articoli di cronaca
- Brevi descrizioni biografiche e autobiografiche
- Chat, sms, e-mail, lettere informali su argomenti personali
- Curriculum vitae
- Etichette e confezioni
- Foglietti illustrativi di medicinali
- Istruzioni relative all'uso di apparecchi elettronici d'uso frequente
- Lettere formali di lavoro, di protesta per un disservizio, ecc.
- Materiale pubblicitario (promozioni, offerte, ecc.)
- Opuscoli e dépliant informativi (di alberghi, di luoghi turistici, di servizi, ecc.)
- Programmi (di corsi di studio, di convegni, di eventi culturali, ecc.)
- Recensioni di film o libri
- Ricette di cucina
- Rubriche di giornali, riviste e siti internet
- ecc.

## Testi orali
- Colloqui di lavoro
- Conversazioni faccia a faccia o telefoniche su argomenti familiari e di routine
- Interazioni formali e informali sul luogo di lavoro su argomenti familiari
- Interazioni formali per usufruire di servizi o segnalare problemi
- Istruzioni
- Messaggi in segreterie telefoniche
- Presentazioni in ambito lavorativo (di prodotti, progetti, azioni, ecc.)
- Semplici descrizioni di luoghi naturali e urbani
- ecc.

# informazioni generali e istruzioni

informazioni generali e istruzioni

## INFORMAZIONI GENERALI E ISTRUZIONI

La prova PLIDA B1 si compone di quattro abilità: **Ascoltare**, **Leggere**, **Scrivere** e **Parlare**. Per superare l'esame è necessario ottenere un punteggio di almeno 18/30 in ogni abilità.

Le prove di **ricezione** (Ascoltare e Leggere) prevedono tutte esercizi a risposta chiusa. Alle singole risposte viene assegnato un punteggio diverso in base al livello di difficoltà della domanda registrato in fase di sperimentazione: chi risponde correttamente alle domande più difficili ottiene più punti.

La prova **Ascoltare** dura 30 minuti circa ed è composta da quattro parti, per un totale di 20 item. Il valore di ogni risposta esatta è segnato all'inizio di ogni parte. Ogni risposta errata, omessa o doppia vale 0 punti.

La prova **Leggere** dura 40 minuti ed è composta da quattro parti, per un totale di 18 item. Il valore di ogni risposta esatta è segnato all'inizio di ogni parte. Ogni risposta errata, omessa o doppia vale 0 punti.

Le risposte date alle domande delle prove di ricezione devono essere riportate sul foglio delle risposte del candidato (vedi pagina 104).

Le prove di **produzione** (Scrivere e Parlare) sono costituite da esercizi di vario tipo, che vengono valutati sulla base dei criteri descritti nei paragrafi "Criteri di valutazione delle prove di scrittura" (vedi pagina 26) e "Criteri di valutazione delle prove di produzione orale" (vedi pagina 27).

La prova **Scrivere** dura 60 minuti ed è composta da due esercizi di scrittura guidata.

La prova **Parlare** dura circa 15 minuti ed è composta da una parte di presentazione, una di interazione e una di monologo. Solo la seconda e la terza parte della prova vengono valutate.

Tutte le prove si considerano superate se ottengono un punteggio minimo di 18/30. I candidati che non superano le prove di una o più abilità, fino a tre, possono recuperarle nei 18 mesi successivi in tutte le sessioni utili previste dal calendario PLIDA (disponibile su www.plida.it); i candidati possono tentare il recupero anche più volte nel corso dei 18 mesi. Le prove di recupero possono essere svolte anche in Centri PLIDA diversi da quello in cui si è sostenuto l'esame la prima volta: sarà sufficiente presentarsi nel Centro con il proprio Codice personale, rilasciato al momento della prima iscrizione.

# descrizione delle prove d'esame

descrizione delle prove d'esame

## DESCRIZIONE GENERALE DELL'ESAME

| Prova | Formato | Durata | Item totali | Il candidato deve dimostrare di saper... *(QCER)* |
|---|---|---|---|---|
| Ascoltare | 4 parti | 30 minuti circa | 20 | ... comprendere i punti salienti di un discorso chiaro in lingua standard che tratti argomenti familiari affrontati abitualmente sul lavoro, a scuola, nel tempo libero, ecc., compresi brevi racconti. |
| Leggere | 4 parti | 40 minuti | 18 | ... leggere testi fattuali semplici e lineari su argomenti che si riferiscono al suo campo d'interesse raggiungendo un sufficiente livello di comprensione. |
| Scrivere | 2 parti | 60 minuti | - | ... scrivere testi lineari e coesi su una gamma di argomenti familiari che rientrano nel suo campo d'interesse, unendo in una sequenza lineare una serie di brevi espressioni distinte; trasmettere informazioni e idee su argomenti sia astratti sia concreti, verificare le informazioni ricevute, porre domande su un problema o spiegarlo con ragionevole precisione; scrivere lettere e appunti personali per chiedere o dare semplici informazioni di interesse immediato, riuscendo a mettere in evidenza ciò che ritiene importante. |
| Parlare | 2 parti + presentazione | 15 minuti circa | - | ... produrre, in modo ragionevolmente scorrevole, una descrizione semplice di uno o più argomenti che rientrano nel suo campo d'interesse, strutturandola in una sequenza lineare di punti; esprimere opinioni personali e scambiare informazioni su argomenti che tratta abitualmente, di suo interesse personale o riferiti alla vita di tutti i giorni (ad esempio famiglia, hobby, lavori, viaggi e fatti d'attualità). |

# Prove di ricezione

## Ascoltare

**Durata complessiva:** 30 minuti circa
**Numero di item:** 20

**Tipo di audio:** i testi della prova **Ascoltare** si basano su copioni o su testi derivanti da materiali autentici registrati in studio da attori professionisti. Nel caso di uso di materiali autentici si riporta l'indicazione della fonte e la presenza o meno, e in quale percentuale, di semplificazioni.

**PRIMA PARTE**
**Durata:** 5 minuti circa
**Numero e tipo di testi:** 5 dialoghi con narrazioni lineari
**Tipo di audio:** dialoghi registrati in studio da attori professionisti
**Tipo di esercizio:** test a scelta multipla con 3 opzioni rappresentate da disegni
**Numero di item:** 5
**Tipo di comprensione:** globale / analitica
**Competenza:** comprendere brevi racconti

**SECONDA PARTE**
**Durata:** 5 minuti circa
**Numero e tipo di testi:** 4 dialoghi contenenti istruzioni
**Tipo di audio:** dialoghi registrati in studio da attori professionisti
**Tipo di esercizio:** test a scelta multipla con 3 opzioni rappresentate da disegni
**Numero di item:** 4
**Tipo di comprensione:** analitica
**Competenza:** individuare le informazioni necessarie per portare a termine un compito specifico

**TERZA PARTE**
**Durata:** 6 minuti circa
**Numero e tipo di testi:** 6 testi monologici (messaggi, brevi racconti, ecc.)
**Tipo di audio:** brani registrati in studio da attori professionisti
**Tipo di esercizio:** abbinamento informazioni / testo
**Numero di item:** 6
**Tipo di comprensione:** analitica
**Competenza:** seguire i punti salienti di un discorso su argomenti familiari

**QUARTA PARTE**
**Durata:** 5 minuti circa
**Numero e tipo di testi:** 5 dialoghi contenenti informazioni fattuali
**Tipo di audio:** dialoghi registrati in studio da attori professionisti
**Tipo di esercizio:** test a scelta multipla con 3 opzioni testuali
**Numero di item:** 5
**Tipo di comprensione:** globale / analitica
**Competenza:** comprendere informazioni su argomenti comuni relativi alla vita di tutti i giorni o al lavoro, alla scuola, al tempo libero

descrizione delle prove d'esame

## ■ Leggere
**Durata complessiva:** 40 minuti
**Numero di item:** 18

**Testi autentici / adattati:** i testi della prova **Leggere** sono tutti autentici, in alcuni casi semplificati. La percentuale di semplificazione non supera in ogni caso il 10%.

**PRIMA PARTE**
**Numero e tipo di testi:** 6 testi di tipo narrativo / informativo / espositivo
**Tipo di esercizio:** test a scelta multipla con 4 opzioni
**Numero di item:** 6
**Tipo di comprensione:** globale / analitica
**Competenza:** riconoscere le informazioni significative in testi semplici e lineari che trattino argomenti familiari

**SECONDA PARTE**
**Numero e tipo di testi:** 6 testi di tipo descrittivo / informativo
**Tipo di esercizio:** abbinamento testo di presentazione di una persona / descrizione di cose, lavori e servizi
**Numero di item:** 4
**Tipo di comprensione:** analitica
**Competenza:** comprendere informazioni significative in materiale di uso corrente, quali lettere e opuscoli

**TERZA PARTE**
**Numero e tipo di testi:** 3 testi di tipo informativo / espositivo / descrittivo
**Tipo di esercizio:** incastro di paragrafi
**Numero di item:** 3
**Tipo di comprensione:** analitica
**Competenza:** leggere testi semplici e lineari su argomenti che si riferiscono al proprio campo di interesse

**QUARTA PARTE**
**Numero e tipo di testi:** 5 testi di tipo narrativo / informativo
**Tipo di esercizio:** abbinamento testo / titolo
**Numero di item:** 5
**Tipo di comprensione:** globale
**Competenza:** riconoscere le informazioni significative in articoli di giornale che trattino argomenti familiari

## Prove di produzione

### Scrivere
**Durata complessiva:** 60 minuti

**PRIMA PARTE**

**Numero di parole:** minimo 110 – massimo 150
**Tipo di prova:** scrittura guidata di un testo di tipo informativo / narrativo / descrittivo
**Svolgimento della prova:** sulla base delle informazioni contenute in un input scritto (un breve testo informativo o descrittivo su turismo, tempo libero, servizi; e-mail di un amico) o di un input visivo, il candidato scrive un testo sviluppando una serie di funzioni indicate in una scaletta (per esempio informare, consigliare, valutare, dare la propria opinione su qualcosa, ecc.)
**Competenza:** trasmettere in forma scritta informazioni e idee su argomenti sia astratti sia concreti, verificare le informazioni ricevute, porre domande su un problema o spiegarlo con ragionevole precisione

**SECONDA PARTE**

**Numero di parole:** minimo 70 – massimo 100
**Tipo di prova:** scrittura guidata di un testo di tipo narrativo
**Svolgimento della prova:** sulla base di un input scritto oppure usando come risorsa le proprie esperienze personali, il candidato scrive un testo sviluppando una serie di funzioni indicate in una scaletta (per esempio raccontare, descrivere esperienze, spiegare opinioni, ecc.)
**Competenza:** scrivere resoconti di esperienze; descrivere sentimenti e impressioni

descrizione delle prove d'esame

## ◼ Parlare
**Durata complessiva:** 15 minuti circa

| | |
|---|---|
| **PRESENTAZIONE** (2 minuti circa) | Questa parte **non è oggetto di valutazione**; serve a mettere il candidato a proprio agio e a introdurlo all'esame.<br><br>L'intervistatore rivolge al candidato una domanda sui suoi progetti di studio e / o di lavoro. |
| **PRIMA PARTE INTERAZIONE** | **Durata:** minimo 3 / massimo 4 minuti + 3 minuti di preparazione<br>**Tipo di prova:** interazione fra candidati o interazione con l'intervistatore<br>**Svolgimento della prova:** i due candidati o il candidato e l'intervistatore devono assumere due ruoli diversi in una situazione data o prendere una decisione comune dopo aver confrontato e valutato insieme delle alternative sulla base di uno stesso input (per esempio scegliere un viaggio o un corso da fare insieme sulla base di un dépliant). I candidati ricevono una scaletta dettagliata per pianificare la loro interazione.<br>**Competenza:** confrontare e valutare alternative; esprimere opinioni personali, spiegare le proprie scelte e scambiare informazioni su argomenti di interesse personale o riferiti alla vita di tutti i giorni, esprimendo accordo o disaccordo |
| **SECONDA PARTE MONOLOGO** | **Durata:** minimo 3 / massimo 4 minuti + 3 minuti di preparazione<br>**Tipo di prova:** monologo<br>**Svolgimento della prova:** sulla base di un input di tipo testuale e / o visivo, il candidato prepara un monologo nel quale affronta un determinato tema, facendo riferimento agli input ricevuti e alla propria esperienza personale. Il candidato riceve una scaletta che lo aiuta a pianificare il monologo. Alla fine del monologo il candidato risponde a una domanda dell'intervistatore.<br>**Competenza:** parlare di eventi, fatti e azioni del passato recente; fare semplici e brevi narrazioni; parlare dei propri sogni, speranze, intenzioni e previsioni per il futuro |

# criteri di valutazione

criteri di valutazione

## CRITERI DI VALUTAZIONE DELLE PROVE DI SCRITTURA

Le prove di produzione scritta vengono esaminate e valutate presso la Sede centrale della Società Dante Alighieri da una squadra di collaboratori esperti selezionata, formata e costantemente monitorata dai responsabili del PLIDA.

I parametri sui quali vengono valutate le prove sono:

- **Contenuto e svolgimento del compito:** attraverso questo parametro viene valutata l'aderenza della *performance* alla traccia data e l'efficacia comunicativa del candidato nello svolgimento delle prove.
- **Coerenza e coesione:** questo parametro valuta l'organizzazione generale del testo e l'uso di coesivi e connettivi attesi per il livello B1[1].
- **Lessico:** il parametro fa riferimento all'ampiezza e alla padronanza lessicale attese da un candidato di livello B1 in rapporto alla consegna proposta.
- **Grammatica, ortografia e punteggiatura:** con questo parametro si valuta il livello di competenza grammaticale e ortografica. Le strutture utilizzate dai candidati vengono considerate in rapporto alle caratteristiche dell'interlingua attesa da uno scrivente di livello B1[1].

Per esprimere la propria valutazione l'esaminatore utilizza le griglie riportate nelle pagine 28-29.

---

[1] Si veda l'*Elenco di strutture ricorrenti nelle prove di produzione del livello B1* a pagina 32.

## CRITERI DI VALUTAZIONE DELLE PROVE DI PRODUZIONE ORALE

Le prove di produzione orale vengono esaminate e valutate in loco dalle commissioni d'esame autorizzate presso i Centri certificatori; le valutazioni espresse dai Centri vengono monitorate dalla Sede centrale della Società Dante Alighieri attraverso una squadra di collaboratori esperti selezionata e formata dai responsabili del PLIDA, che riascolta le prove registrate e invia un feedback alle commissioni.

I parametri sui quali vengono valutate le prove sono:

- **Efficacia comunicativa:** attraverso questo parametro si valuta l'aderenza della *performance* alla traccia data e l'efficacia comunicativa del candidato nello svolgimento delle prove, con particolare attenzione agli aspetti pragmatici e a quelli relativi all'organizzazione del discorso.
- **Interazione:** questo parametro valuta, solo nella prova di **Interazione**, la capacità di iniziare, proseguire o terminare una conversazione, di applicare le regole di cortesia o le più elementari strategie sociolinguistiche.
- **Lessico:** attraverso questo parametro vengono valutate l'ampiezza e la padronanza lessicale in riferimento a quelle attese da un candidato di livello B1 in rapporto alla consegna proposta.
- **Grammatica:** con questo parametro si valuta il livello di competenza grammaticale. Le strutture utilizzate dai candidati vengono considerate in rapporto alle specificità dell'italiano parlato e alle caratteristiche dell'interlingua attesa dal parlante di livello B1.
- **Pronuncia:** questo parametro descrive la competenza fonologica e il livello di comprensibilità attesi per il livello.

Per esprimere la propria valutazione l'esaminatore utilizza le griglie riportate nelle pagine 30-31.

criteri di valutazione

## CRITERI DI VALUTAZIONE DELLE PROVE DI SCRITTURA

| Punti | Contenuto e svolgimento del compito | Coerenza e coesione |
|---|---|---|
| 10 / 9 | • Affronta tutti i punti della scaletta in modo adeguato e sufficientemente dettagliato.<br>• Il testo può presentare esempi pertinenti, precisazioni, spiegazioni, opinioni o narrazioni secondarie.<br>• Le caratteristiche del testo (tipologia, registro, formule, ecc.) rispondono pienamente alla richiesta. | • Le informazioni sono organizzate secondo una progressione coerente, precisa e abbastanza articolata.<br>• I coesivi e i connettivi previsti per il livello vengono usati in modo corretto, esteso e appropriato. |
| 8 / 7 | • Affronta tutti i punti in modo generalmente adeguato, ma alcuni possono essere meno sviluppati di altri.<br>• Le caratteristiche del testo (tipologia, registro, formule, ecc.) sono adatte alla richiesta. | • Le informazioni sono organizzate secondo una progressione generalmente coerente.<br>• Talvolta le relazioni logiche possono non essere del tutto chiare.<br>• I coesivi e i connettivi previsti per il livello[2] vengono usati in modo abbastanza esteso e quasi sempre appropriato. |
| 6 / 5 | • Affronta a grandi linee tutti i punti oppure ne sviluppa solo alcuni in maniera adeguata.<br>• Le caratteristiche del testo (tipologia, registro, formule, ecc.) rispondono abbastanza a quanto richiesto; possono comparire piccole incongruenze. | • Le informazioni sono organizzate in modo elementare; alcuni punti del testo possono risultare incoerenti.<br>• Usa alcuni coesivi e connettivi previsti per il livello[2], anche se non sempre in modo corretto. |
| 4 / 3 | • Tenta di rispondere alla consegna, ma il testo dà a chi legge l'impressione di un abbozzo.<br>• Le caratteristiche del testo (tipologia, registro, formule, ecc.) non sono adatte alla richiesta. | • L'organizzazione del testo non è ben definita (digressioni, salti logici, dispersioni, contraddizioni, uso poco ragionato di liste).<br>• Usa solo connettivi semplici per collegare le frasi.<br>• La scarsa conoscenza dei meccanismi coesivi costringe il candidato a ripetersi. |
| 2 / 1 | • Il testo non risponde alla consegna.<br>• Il testo è costituito quasi per intero da ripetizioni, elenchi o informazioni irrilevanti. | • Il testo presenta uno schema organizzativo difficile da interpretare.<br>• I meccanismi di coesione sono quasi assenti; si limitano per lo più a unire parole o gruppi di parole, non sempre con successo. |
| | • Il testo è incomprensibile o non valutabile. | • Il testo è incomprensibile o non valutabile. |

[2] Si veda l'*Elenco di strutture ricorrenti nelle prove di produzione del livello B1* a pagina 32.

| Lessico | Grammatica, ortografia, punteggiatura |
|---|---|
| Si esprime in modo chiaro e con termini precisi.<br>Ha un patrimonio lessicale ampio e compensa eventuali lacune in maniera efficace.<br>Usa in modo appropriato locuzioni e collocazioni frequenti.<br>Le interferenze con altre lingue sono rare. | • Il testo presenta una buona varietà delle strutture previste per il livello, usate in modo corretto e appropriato.<br>• Errori isolati (morfologici, ortografici o di punteggiatura). |
| Si esprime in modo abbastanza preciso; può trovare difficoltà quando affronta concetti complessi o descrive situazioni non familiari.<br>Usa un buon numero di termini legati all'argomento; prova a compensare le lacune lessicali, ma non sempre ci riesce.<br>Usa con sufficiente appropriatezza locuzioni e collocazioni frequenti.<br>Le interferenze con altre lingue sono ancora evidenti. | • Il testo presenta una buona varietà delle strutture previste per il livello[3].<br>• Gli errori morfologici riguardano singoli elementi della frase e possono essere ripetuti.<br>• Ortografia e punteggiatura sono abbastanza curate; si notano varie incertezze. |
| Riesce a esprimere quello che vuole dire, nonostante problemi lessicali diffusi.<br>Usa per lo più vocaboli elementari e qualche termine o espressione legati all'argomento.<br>Errori lessicali e interferenze con altre lingue sono ancora frequenti. | • Il testo presenta un numero limitato di strutture previste per il livello[3], non tutte usate con sufficiente padronanza.<br>• Errori (morfologici, ortografici e di punteggiatura) diffusi; in alcuni passaggi la lettura può essere faticosa. |
| Ha un vocabolario limitato e gli errori lessicali pregiudicano a volte la capacità di espressione.<br>Si serve di vocaboli generici di cui tende a sovraestendere l'uso.<br>Le interferenze con altre lingue sono frequenti.<br>Può usare parti estese del *prompt*. | • Gli errori (morfologici, ortografici e di punteggiatura) sono numerosi, anche nel caso di strutture elementari; la lettura è molto faticosa. |
| Ha un repertorio lessicale estremamente ristretto.<br>Gli errori lessicali rendono quasi impossibile capire il contenuto del testo.<br>Per sopperire alle lacune lessicali ricorre anche a parole della lingua madre o di altre lingue. | • Gli errori (morfologici e ortografici) impediscono quasi del tutto la comprensione del testo.<br>• La punteggiatura è quasi assente. |
| Il testo è incomprensibile o non valutabile. | • Il testo è incomprensibile o non valutabile. |

[3] Si veda l'*Elenco di strutture ricorrenti nelle prove di produzione del livello B1* a pagina 32.

## criteri di valutazione

### CRITERI DI VALUTAZIONE DELLE PROVE DI PRODUZIONE ORALE

| Punti | Efficacia comunicativa | Interazione (solo per la prova di interazione) |
|---|---|---|
| 10 / 9 | • Realizza i compiti assegnati in modo pienamente soddisfacente.<br>• Organizza il discorso in modo efficace e lo sviluppa con relativa disinvoltura.<br>• Riesce a dare la giusta rilevanza ai punti chiave.<br>• I connettivi previsti per il livello[4] vengono usati in modo corretto e appropriato. | • Interviene e mantiene la parola in modo appropriato.<br>• Procede nella conversazione in modo autonom<br>• Chiede in maniera appropriata chiarimenti e dettagli su quello che ha detto l'interlocutore.<br>• Applica in modo adeguato le principali regole di cortesia. |
| 8 / 7 | • Realizza i compiti assegnati in modo adeguato anche se alcuni punti possono essere sviluppati meno di altri.<br>• Organizza il discorso in modo abbastanza chiaro: riesce a mettere in evidenza i punti chiave, pur se con qualche vaghezza.<br>• Pause per cercare parole e forme possono occorrere nelle sequenze di una certa lunghezza.<br>• I connettivi previsti per il livello vengono usati quasi sempre in modo corretto e appropriato. | • Interviene e mantiene la parola con relativa sicurezza.<br>• Ha ancora bisogno di aiuto da parte dell'interlocutore.<br>• È capace di ripetere parte di ciò che ha detto l'interlocutore per confermare la reciproca comprensione.<br>• Applica le principali regole di cortesia quasi sempre in modo adeguato. |
| 6 / 5 | • Realizza i compiti assegnati in parte o in modo approssimativo.<br>• Organizza il discorso in modo semplice: riesce a far capire a grandi linee quali sono i punti che ritiene essenziali.<br>• Le pause per cercare alcune parole e forme o per riparare agli errori sono evidenti.<br>• Usa alcuni connettivi previsti per il livello[4] ma non sempre in modo corretto. | • Usa semplici tecniche per intervenire in una conversazione e mantenere la parola anche se non sempre in modo appropriato.<br>• Ha bisogno di aiuto da parte dell'interlocutore per procedere.<br>• È capace di chiedere chiarimenti o ripetizioni quando non capisce.<br>• Dimostra di conoscere le principali regole di cortesia; le applica con qualche incertezza. |
| 4 / 3 | • Tenta di realizzare i compiti assegnati ma non ci riesce o ci riesce solo in parte.<br>• L'organizzazione del discorso non è molto chiara.<br>• Le pause e le esitazioni sono frequenti e rendono frammentario / meccanico il discorso.<br>• Usa solo connettivi semplici per collegare frasi. | • Procede nella conversazione solo con l'aiuto dell'interlocutore.<br>• Si blocca e non ha strategie per rientrare nella comunicazione. |
| 2 / 1 | • I compiti assegnati non sono portati a compimento.<br>• Si interrompe continuamente.<br>• Sono molto frequenti salti logici e i meccanismi di coesione sono quasi assenti. | • Gli interventi sono inadeguati e inappropriati.<br>• Contribuisce solo in minima parte all'interazione. |
| | • Il testo è incomprensibile o non valutabile. | • Il testo è incomprensibile o non valutabile. |

[4] Si veda l'*Elenco di strutture ricorrenti nelle prove di produzione del livello B1* a pagina 32.

| Lessico | Grammatica | Pronuncia[5] |
|---|---|---|
| Si esprime in modo chiaro.<br>Ha un patrimonio lessicale ampio e riesce a compensare le lacune lessicali con qualche circonlocuzione.<br>Le interferenze con altre lingue possono ancora essere presenti. | • Dimostra di conoscere una buona gamma di strutture previste per il livello.<br>• Dimostra un buon grado di accuratezza: gli errori sono isolati e riguardano le strutture più complesse. | • Occasionali errori fonologici o difficoltà articolatorie.<br>• Quello che dice è abbastanza chiaro. |
| Si esprime in modo abbastanza lineare; può trovare difficoltà quando affronta concetti complessi o descrive situazioni non familiari.<br>Usa un buon numero di termini legati all'argomento; prova a compensare le lacune lessicali, ma non sempre ci riesce.<br>Le interferenze con altre lingue sono ancora evidenti. | • Usa in modo abbastanza corretto le strutture più frequenti.<br>• Gli errori riguardano perlopiù singoli elementi del discorso. | • Gli errori fonologici o le difficoltà articolatorie si verificano in rapporto a determinati suoni e combinazioni di suoni.<br>• Quello che dice è comprensibile. |
| Riesce a esprimere quello che vuole dire, nonostante problemi lessicali diffusi (difficoltà di formulazione, ripetizioni).<br>Usa per lo più vocaboli elementari e qualche termine o espressione legati all'argomento.<br>Errori lessicali e interferenze con altre lingue sono ancora frequenti. | • Gli errori sono frequenti (in riferimento sia alle strutture previste per il livello[6] che, occasionalmente, alle strutture di base).<br>• Gli errori non pregiudicano la trasparenza del messaggio. | • Gli errori fonologici o le difficoltà articolatorie sono frequenti.<br>• La comprensione di quello che dice richiede generalmente poco sforzo da parte dell'interlocutore che talvolta può essere costretto a interpretare quello che il candidato vuole dire. |
| Ha un vocabolario limitato e gli errori lessicali pregiudicano a volte la capacità di espressione.<br>Si serve di vocaboli generici e di espressioni semplici e memorizzate di cui tende a sovraestendere l'uso.<br>Le interferenze con altre lingue sono frequenti.<br>Può usare parti estese del *prompt*. | • Usa una gamma molto limitata di strutture.<br>• Sono frequenti errori di base e incertezze che possono generare difficoltà di comprensione. | • Gli errori fonologici o le difficoltà articolatorie sono numerosi.<br>• La comprensione di quello che dice richiede un certo sforzo da parte dell'interlocutore, che può essere costretto a chiedere chiarimenti o conferme. |
| Ha un repertorio lessicale estremamente ristretto. Si esprime per *routine* e frasi memorizzate.<br>Gli errori lessicali rendono quasi impossibile capire quello che dice.<br>Per sopperire alle lacune lessicali ricorre anche a parole della lingua madre o di altre lingue. | • Commette sistematicamente errori morfologici, anche in riferimento a strutture di base.<br>• Continui fraintendimenti da parte dell'interlocutore. | • Gli errori fonologici o le difficoltà articolatorie sono molto numerosi.<br>• La comprensione di quello che dice richiede molto sforzo da parte dell'interlocutore. Alcuni passaggi non sono chiari. |
| Il testo è incomprensibile o non valutabile. | • Il testo è incomprensibile o non valutabile. | • Il testo è incomprensibile o non valutabile. |

[5] **NB**: Al livello B1 ci si aspetta per tutte le fasce di punteggio descritte che il candidato abbia ancora un forte accento straniero.
[6] Si veda l'*Elenco di strutture ricorrenti nelle prove di produzione del livello B1* a pagina 32.

## criteri di valutazione

### STRUTTURE RICORRENTI NELLE PROVE DI PRODUZIONE DEL LIVELLO B1 DEL PLIDA

L'elenco seguente è stato ricavato dallo spoglio delle prove di produzione PLIDA e PLIDA *Juniores* degli anni passati. L'elenco sarà costantemente validato e aggiornato, di sessione in sessione, tramite lo spoglio di un campione di prove di produzioni superate. Si è deciso di limitare la lista:
- alle strutture che, con la loro presenza, danno agli esaminatori indicazioni sullo stadio dell'interlingua dell'esaminato (come nel caso del congiuntivo presente introdotto da verbi di opinione);
- alle strutture più evidentemente connesse con le competenze richieste per il livello (come per esempio la contrapposizione tra imperfetto e passato prossimo, pressoché indispensabile per raccontare eventi passati).

L'elenco, quindi, non descrive compiutamente tutte le strutture attese al livello B1, ma si limita a dare indicazioni sugli aspetti morfosintattici cui è il caso che i candidati, i docenti e gli esaminatori prestino maggiore attenzione.

Naturalmente non ci si aspetta che le strutture della lista vengano usate con piena padronanza. Ricordiamo in proposito che la descrizione dell'ampiezza e dell'accuratezza grammaticale attesa da un candidato di livello B1 appena sufficiente (fascia 5-6) è la seguente:

| Per la produzione scritta: | Per la produzione orale: |
|---|---|
| • Il testo presenta un numero limitato di strutture, non tutte usate con sufficiente padronanza.<br>• Errori (morfologici, ortografici e di punteggiatura) diffusi; in alcuni passaggi la lettura può essere faticosa. | • Gli errori sono frequenti (in riferimento sia alle strutture previste per il livello che, occasionalmente, alle strutture di base).<br>• Gli errori non pregiudicano la trasparenza del messaggio. |

### Morfologia

**Aggettivi**
- Indefiniti *nessuno*, *ogni*
- Gradi dell'aggettivo: comparativi regolari e irregolari
- Superlativi relativi

**Pronomi**
- Pronomi personali atoni complemento diretto e indiretto
- Uso dei pronomi atoni nei tempi composti
- Pronomi atoni combinati
- *Ci* locativo
- *Ne* nelle formule *che ne dici / pensi?*
- Enclisi dei pronomi atoni con l'infinito e con l'imperativo

**Preposizioni**
- La preposizione *di* con funzione comparativa

### Verbi
- Scelta dell'ausiliare *avere* o *essere* nelle costruzioni transitive e intransitive di *iniziare / cominciare* e *finire*
- Trapassato prossimo
- Futuro (valore temporale e modale)
- Indicativo imperfetto (forme e uso in contrapposizione al passato prossimo)
- Condizionale presente
- Imperativo formale e informale
- Costruzione impersonale del verbo con *si*
- Congiuntivo presente del verbo *essere* in costruzioni di alta frequenza come *penso / spero / credo / (mi) sembra che*

### Sintassi
- Coordinate introdotte da *però, invece, oppure, dunque, quindi, perciò, infatti, cioè*
- Completive introdotte da *di*
- Temporali introdotte da *mentre*
- *Senza* + infinito
- Interrogative indirette introdotte da *se* e *come*
- Relative introdotte da *che* e *dove*
- Oggettive esplicite (con il congiuntivo di verbi di alta frequenza) e implicite con *di* + infinito rette da verbi che esprimono opinioni, speranze, sentimenti
- Periodo ipotetico di primo tipo (della realtà)

# esercizi

Ascoltare - esercizi

## ASCOLTARE

### PRIMA PARTE

In questa parte dell'esame ascolterai dei brevi dialoghi e dovrai rispondere a una domanda per ogni dialogo. Le possibili risposte sono rappresentate da disegni.
Devi scegliere l'unico disegno che risponde correttamente alla domanda.

 **1** Che lavoro farà Gabriella dopo l'Università?

A   B   C

 **2** Che sport farà l'uomo?

A   B   C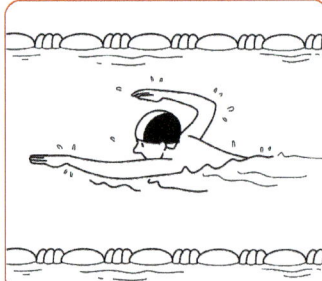

 **3** Che cosa è successo a Catia?

A   B   C

 **4** Dove andranno?

A   B   C

 **5** Che cosa ha trovato Marta in comune?

A   B 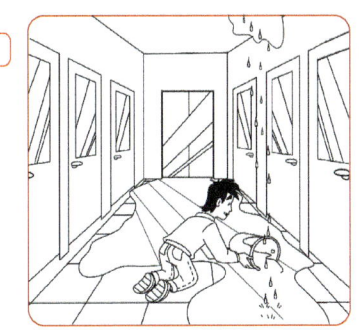  C

 **6** Che cosa ha dimenticato Sandra?

A   B   C

 **7** Che cosa farà il ragazzo sabato?

A   B   C

Quaderni del PLIDA B1

## Ascoltare - esercizi

**8** Che cosa ha fatto Tommaso dopo il lavoro?

A ☐   B ☐   C ☐

**9** Dove ha rinnovato la tessera Mario?

A ☐   B ☐   C ☐

**10** Che cosa è successo?

A ☐   B ☐   C ☐

# ASCOLTARE

## SECONDA PARTE

In questa parte dell'esame ascolterai dei brevi dialoghi e dovrai rispondere a una domanda per ogni dialogo. Le possibili risposte sono rappresentate da disegni.
Devi scegliere l'unico disegno che risponde correttamente alla domanda.

**1** Che cosa deve fare la donna?

A   B   C

**2** Che cosa deve fare la ragazza?

A   B   C

**3** Che cosa deve fare il ragazzo?

A   B   C

**4** Che cosa deve fare Sandro?

A   B   C

## Ascoltare - esercizi

 **5** Che cosa deve fare Carlo?

A  B  C

 **6** Che cosa deve fare Anna?

A  B  C

 **7** Che cosa farà il ragazzo?

A  B  C

 **8** Che cosa farà la signora?

A  B  C

 **ASCOLTARE**

**TERZA PARTE – primo esercizio**

In questa parte sentirai sei persone che parlano dello stesso argomento. Devi associare a ogni brano una delle otto frasi elencate (**A-H**). Devi scrivere nella tabella la lettera della frase che hai scelto accanto al numero del brano corrispondente (**1-6**). Devi scegliere solo sei frasi, una per ogni racconto. **Fa' attenzione:** ci sono due frasi in più.

### Che lavoro fanno?

**A** Fa l'allenatore.

**B** Fa il meccanico.

**C** Fa il medico.

**D** Fa il pilota.

**E** Fa il regista.

**F** Fa il tecnico dei computer.

**G** Fa il muratore.

**H** Fa l'architetto.

**I** Lavora con i bambini.

| Racconto | Frase |
|---|---|
| 0 | I |
| 1 | |
| 2 | |
| 3 | |
| 4 | |
| 5 | |
| 6 | |

Ascoltare - esercizi

**ASCOLTARE**

**TERZA PARTE** – secondo esercizio

Che cosa dicono a proposito delle loro vacanze?

| | Racconto | Frase |
|---|---|---|
| A Ha raccontato il viaggio in un libro. | 0 | I |
| B Ha dormito in treno. | 1 | |
| C Ha partecipato a un viaggio organizzato. | 2 | |
| D Ha visto un monumento famoso. | 3 | |
| E Ha noleggiato un'auto. | 4 | |
| F Ha conosciuto tanta gente. | 5 | |
| G Ha camminato molto. | 6 | |
| H Ha imparato a fare una cosa nuova. | | |
| I Ha vinto una vacanza. | | |

# ASCOLTARE

## QUARTA PARTE

In questa parte dell'esame ascolterai dei brevi dialoghi e dovrai rispondere a una domanda per ogni dialogo oppure completare una frase. Le possibili risposte sono rappresentate da frasi o parti di frasi. Devi scegliere l'unica frase (o parte di frase) che risponde correttamente alla domanda.

**1** La donna pagherà la bolletta

A. ☐ all'ufficio postale.

B. ☐ online.

C. ☐ in banca.

**2** Elena deve ancora

A. ☐ convincere la sua amica.

B. ☐ decidere dove dormire.

C. ☐ comprare i biglietti.

**3** Chi accompagnerà Claudio alla festa?

A. ☐ La madre di Bruno.

B. ☐ Il padre di Claudio.

C. ☐ I genitori di Claudio.

**4** Che cosa ha rovinato il picnic?

A. ☐ Gli insetti.

B. ☐ Il maltempo.

C. ☐ La gente.

**5** A Milano Valeria

A. ☐ farà una gita.

B. ☐ ritirerà un premio.

C. ☐ parteciperà a un concorso.

Quaderni del PLIDA B1

Ascoltare - esercizi

**6** La libreria è

A. ☐ di materiale scadente.

B. ☐ del modello sbagliato.

C. ☐ di un altro colore.

**7** Pina ha fatto

A. ☐ pratica in un'azienda.

B. ☐ un colloquio di lavoro.

C. ☐ un corso di informatica.

**8** Il ragazzo è contento perché

A. ☐ è stato a Venezia.

B. ☐ si è laureato.

C. ☐ ha trovato lavoro.

**9** Per la cliente la camera è

A. ☐ piccola.

B. ☐ rumorosa.

C. ☐ costosa.

**10** Alcuni dipendenti dell'azienda saranno

A. ☐ denunciati.

B. ☐ trasferiti.

C. ☐ licenziati.

# LEGGERE

## PRIMA PARTE

Leggi i testi e completa le frasi o rispondi alle domande segnando una crocetta sui riquadri ☒.

### 1

Gentile Cliente,
la spedizione è stata consegnata al punto di ritiro da te selezionato.
Il pacco verrà restituito ad Amazon il 16/01/2019, se non verrà ritirato. Ti invitiamo a ritirarlo prima di tale data. Ti ricordiamo che il pacco può essere ritirato dalla persona autorizzata al momento della conferma dell'ordine, presentando un documento d'identità.
Potrai visualizzare tutti i dettagli del tuo ordine dalla sezione dedicata nel tuo *account*.

**Il messaggio avvisa che**

A. ☐ il pacco è in fase di preparazione.

B. ☐ c'è un tempo limite per prendere il pacco.

C. ☐ puoi modificare l'indirizzo del destinatario.

D. ☐ devi guardare sul sito per sapere dov'è il pacco.

### 2

L'infiorata di Genzano è la famosa festa dei fiori che si tramanda da generazioni e ogni anno raccoglie oltre 150mila visitatori che arrivano da ogni parte d'Italia per godersi i meravigliosi tappeti di fiori che trasformano la vie in opere d'arte. Dal 2011 l'infiorata di Genzano è diventata "Patrimonio d'Italia" per il fatto di essere "*espressione della capacità di promuovere il turismo e l'immagine nazionale e di valorizzare la storia e la cultura del territorio*".

**Questo testo**

A. ☐ parla di una mostra.

B. ☐ racconta una leggenda.

C. ☐ pubblicizza un viaggio.

D. ☐ descrive una tradizione.

Leggere - esercizi

### 3

In seguito alla visita svoltasi in data odierna, si consiglia di seguire il seguente regime alimentare:
- evitare zucchero bianco, bevande gassate, cioccolato, menta, insaccati, cibi trattati con conservanti, tè, caffè, brodi di carne, spezie, formaggi grassi e fermentati, bevande alcoliche, alimenti fritti e soffritti;
- preferire carni bianche, pesce fresco, frutta e verdura, olio extravergine di oliva a crudo e condimenti leggeri;
- fare attenzione agli alimenti freddi e poco cotti.

**Che cosa hai letto?**

A. ◯ Una dieta per sportivi.

B. ◯ Una ricetta di cucina.

C. ◯ La comunicazione di un medico.

D. ◯ L'etichetta di un prodotto.

### 4

«Il sistema Android ha a che fare con gli extraterrestri» e «il Wi-Fi è una linea di abbigliamento»: queste sono state alcune delle risposte dei cittadini alla richiesta di definizioni tecnologiche. Secondo un recente studio in Italia l'87% delle persone ha finto almeno una volta di sapere un termine legato al mondo hi-tech; nel nostro Paese il vocabolo meno noto è "cloud", seguito da "emoji" e da "Android". Gli italiani infatti, pur essendo molto tecnologici, non sembrano conoscere fino in fondo i gadget e i servizi che utilizzano quotidianamente.

**Secondo l'articolo, l'87% degli italiani**

A. ◯ conosce poco le parole dell'informatica.

B. ◯ possiede un telefono cellulare di vecchio tipo.

C. ◯ ha un cattivo rapporto con le nuove tecnologie.

D. ◯ utilizza la tecnologia solo per giocare.

### 5

La *Postepay* è una carta di credito ricaricabile rilasciata da Poste Italiane; con essa è possibile sfruttare tutti i vantaggi di una comune carta di credito senza l'obbligo di avere un conto corrente. Con *Postepay* si ha l'opportunità di ordinare qualsiasi tipo di oggetto (o servizio) online evitando che i dati di una carta di credito collegata al conto bancario finiscano nelle mani di eventuali malintenzionati. Munito di carta d'identità e codice fiscale, richiedi la tua carta. Ti verrà consegnato un modulo che dovrai compilare con i tuoi dati personali (se hai meno di 18 anni ci sarà bisogno dei documenti e della firma di uno dei tuoi genitori) e poi riconsegnare all'ufficio postale. Per ottenere la tua *Postepay* ricaricabile e metterla in funzione, dovrai versare 5 euro più la cifra da usare come prima ricarica della carta.

**Il testo dice che**

A. ☐ puoi acquistare *Postepay* in tutte le banche.

B. ☐ *Postepay* è più sicura della carta di credito.

C. ☐ *Postepay* è riservata a persone maggiorenni.

D. ☐ puoi usare *Postepay* per acquisti superiori a 5 euro.

**6**

Secondo il rapporto dell'Accademia Italiana della Cucina, tra tutte le ricette italiane la pasta alla carbonara è la più reinterpretata all'estero. Una ricerca ha scovato le versioni più curiose: in Inghilterra è popolare quella con le zucchine, in Cina e Malesia la fanno con il pollo, quella con il pesce conquista la Spagna e sta prendendo piede anche nell'Italia più tradizionalista e nell'alta cucina. Altre radicali varianti: in Inghilterra l'uovo è a volte sostituito da besciamella. In Giappone, invece, si aggiunge la panna e non è presente il pecorino. In Francia, Germania e Norvegia si va oltre, con preparati liofilizzati all'aroma di carbonara pronti in 5 minuti.

**Questo testo parla di**

A. ☐ una ricetta italiana poco conosciuta.

B. ☐ modi diversi di preparare un piatto.

C. ☐ piatti tradizionali di paesi diversi.

D. ☐ consigli per migliorare una ricetta.

**7**

Il modulo di base è rivolto a tutti coloro che intendono acquisire una conoscenza di base della fotografia. Offre una preparazione generale teorica/pratica e introduce l'allievo a un uso creativo della fotografia.

Argomenti trattati:
Cos'è la Fotografia. Breve storia della nascita della macchina fotografica.
La luce e l'occhio umano.
Il Diaframma e l'Otturatoare.
Differenze tra Digitale e Analogico.

Gli Obiettivi.
Regole di composizione, inquadratura, angolazione, prospettiva.
Introduzione ai vari stili fotografici.
Prova pratica.
Selezione e critica delle foto.

**Il testo è**

A. ☐ l'invito a una conferenza.

B. ☐ il programma di un corso.

C. ☐ la locandina di una mostra.

D. ☐ l'indice di un libro.

## Leggere - esercizi

### 8

ALMA è il più autorevole centro di formazione della Cucina Italiana a livello internazionale.
La Scuola – che ha sede nella Reggia di Colorno, a pochi chilometri da Parma – forma cuochi, pasticcieri, degustatori di vini, professionisti di sala e dirigenti della ristorazione di domani, grazie a programmi di alto livello realizzati con gli insegnanti più autorevoli. Arte culinaria e italianità sono legate indissolubilmente: studiare e "allenarsi" per un futuro nella ristorazione è un'esperienza da non perdere.

**Il centro di formazione della Cucina Italiana ALMA**

- A. ☐ si rivolge a persone che già lavorano nella ristorazione.
- B. ☐ collabora con diverse catene di ristoranti.
- C. ☐ lavora con esperti di fama internazionale.
- D. ☐ propone percorsi di studio per varie professioni.

### 9

I clienti sono tenuti a consegnare al loro arrivo il proprio documento d'identità per il check-in. Le stanze d'albergo si possono occupare dalle ore 12.00 del giorno d'arrivo e gli appartamenti dalle ore 15:00 ed entrambi devono essere lasciati liberi entro le ore 10.00 del giorno di partenza. Dopo tale orario, ogni trenta minuti di ritardo non autorizzato comporterà un addebito di €15,00. Dopo il check-out non ci sarà possibilità di permanere all'interno della struttura.

**Il giorno della partenza**

- A. ☐ l'albergo può tenere in deposito i bagagli fino alle tre.
- B. ☐ puoi restare nell'appartamento fino a mezzogiorno.
- C. ☐ se lasci la stanza dopo le dieci di mattina, paghi di più.
- D. ☐ puoi lasciare la tua stanza e restare in albergo quanto vuoi.

### 10

**Origine del cognome Rossi**
L'origine di questo cognome è legata al colore dei capelli o della pelle della famiglia originaria. Nelle antiche tradizioni popolari i capelli rossi rappresentavano un carattere capriccioso e impulsivo, ma anche creatività e ingegno. Rossi è il cognome più diffuso in Italia, con maggiore concentrazione al centro-nord.

**Il cognome Rossi deriva da**

- A. ☐ una caratteristica fisica.
- B. ☐ un antico mestiere.
- C. ☐ una regione storica.
- D. ☐ un personaggio fantastico.

**11**

È essenziale selezionare la temperatura giusta.
Nell'apparecchio è integrato un termostato che controlla molto precisamente la temperatura su tutta la superficie della piastra. Il comando del termostato presenta i simboli internazionali rappresentati da puntini, corrispondenti a tre diverse temperature di stiratura.
Accertarsi di usare la temperatura adatta:
• Simbolo con 1 puntino per le fibre sintetiche.
• Simbolo con 2 puntini per la lana e la seta.
• Simbolo con 3 puntini per il cotone e il lino.

**Questo testo spiega il funzionamento di**

A ☐    B ☐    C ☐    D ☐

**12**

Calzedonia, attenta al tema dell'ecologia, dà nuova vita ai tuoi capi usati, riutilizzando i tessuti per creare nuovi prodotti. Vieni a trovarci in uno dei punti vendita che aderiscono all'iniziativa sul territorio nazionale e porta con te 5 capi usati, di qualsiasi marca, da inserire negli appositi contenitori. Riceverai, senza effettuare alcun acquisto, un buono del valore di 5 euro. I capi dovranno appartenere alle seguenti categorie: maglieria (maglie intime, T-shirt, camicie, maglioni) uomo o donna, pigiami uomo o donna, slip uomo o donna, reggiseni.

**Questo testo dice che**

A. ☐ è in arrivo una nuova linea di intimo.

B. ☐ c'è uno sconto sulla biancheria.

C. ☐ se compri dei vestiti avrai un regalo.

D. ☐ puoi riciclare i tuoi vestiti vecchi.

# Leggere - esercizi

## LEGGERE

### SECONDA PARTE – primo esercizio

- Leggi quello che dicono i personaggi qui sotto (1-4): tutti cercano lavoro ma ognuno di loro ha esigenze diverse.
- Leggi gli annunci di lavoro alla pagina successiva (B-G).
- Scegli per ogni personaggio il lavoro adatto, segnando la lettera corrispondente nel quadrato a destra, come nell'esempio (0-A). **Fa' attenzione:** <u>ci sono due annunci in più</u>.

**0**

«Cerco casa e lavoro. Sono tuttofare (eseguo riparazioni di vario tipo, posso fare commissioni, ecc.). Ho la macchina. Sono disponibile anche a turni di notte, se serve».

A

**1**

«Mi piace lavorare insieme ad altre persone e a contatto con il pubblico. Cerco lavoro in un supermercato o in un esercizio commerciale in genere».

**2**

«Cerco un lavoro temporaneo, di qualsiasi tipo, anche solo per brevissimi periodi. Ho la macchina e posso spostarmi senza problemi».

**3**

«Ho studiato illustrazione e so usare i programmi di grafica più aggiornati».

**4**

«Di nazionalità italo-americana, fino all'età di 25 anni ho vissuto negli Stati Uniti, dove ho preso una laurea in materie letterarie che vorrei ora sfruttare in Italia».

### A

Cercasi per villa privata signorile collaboratore domestico / custode per pulizie e manutenzione esterno, autista. Viene data ospitalità anche alla famiglia in alloggio indipendente (soluzione gradita). Lui dovrà occuparsi del giardino e di eventuali manutenzioni esterne l'abitazione. Indispensabile la patente b e saper guidare l'auto in modo sicuro. Offresi contratto in regola, più vitto e alloggio.

### B

Cerchiamo un cameriere da inserire nel nostro organico. Dopo un periodo iniziale a tempo determinato, intendiamo confermarlo a tempo indeterminato. La persona ricercata deve gestire in autonomia il proprio ruolo e deve aver avuto esperienze significative in altri ristoranti. Non possiamo offrire un alloggio e quindi ricerchiamo personale che abiti nelle vicinanze di Modena. Contratto di lavoro: Tempo pieno. Lingua richiesta: inglese.

### C

Nel ruolo di Apprendista Addetta/-o Vendite avrai la possibilità di conoscere il mondo della Grande Distribuzione Organizzata entrando a far parte di un'azienda leader nel settore.
Ti occuperai di tutte le attività operative all'interno dei nostri negozi e contribuirai con il tuo supporto quotidiano a rendere più piacevole l'esperienza di acquisto dei nostri clienti.
Se pensi che il lavoro di squadra possa fare la differenza e credi nel valore di un servizio sempre attento e puntuale, questa è l'offerta giusta per te.

### D

*Roma Gas & Power* ricerca una figura da inserire all'interno dell'area Comunicazione. La risorsa contribuirà alla realizzazione del materiale pubblicitario (volantini, manifesti, ecc.) e dei progetti di comunicazione interna ed esterna. Richiesta conoscenza dei *software* della Suite *Adobe*, buona dimestichezza con *PowerPoint* per le presentazioni aziendali.

### E

Ricerchiamo figure di buona presenza e dialettica che si occupino della consegna di piccoli pacchi contenenti telefoni cellulari e sim, presso alcune aziende. I candidati devono essere automuniti, per poter svolgere le consegne con il proprio mezzo, per cui è previsto un rimborso.
Il lavoro si svolgerà per tutto il mese di marzo, con possibilità di proroga. Retribuzione interessante.

### F

Azienda *leader* nel settore dell'insegnamento dell'inglese a bambini e ragazzi, per potenziamento organico, cerca insegnanti madrelingua, per centri estivi e attività didattica per il prossimo anno scolastico. Richiesti titoli di studio conseguiti in paesi anglofoni, passione per l'insegnamento a bambini e ragazzi, disponibilità agli spostamenti e flessibilità oraria.

### G

Si ricerca praticante architetto anche non laureato. La figura ricercata dovrà essere da supporto ai tecnici in sede per la redazione di progetti e preventivi, inoltre dovrà svolgere anche qualche mansione da ufficio (rispondere al telefono, ricevimento clienti).
Inviare candidatura attraverso CV con foto.
Sarete ricontattati per colloquio presso nostra sede di Roma.

# Leggere

## SECONDA PARTE – secondo esercizio

- Leggi quello che dicono i personaggi qui sotto (1-4): tutti cercano un corso di pittura ma ognuno di loro ha un'esigenza diversa.
- Leggi le descrizioni dei corsi alla pagina successiva (B-G).
- Scegli per ogni personaggio il corso adatto, segnando la lettera corrispondente nel quadrato a destra, come nell'esempio (0-A). **Fa' attenzione:** ci sono due annunci in più.

**0** «Durante la mia vacanza in Italia vorrei fare un breve corso di pittura, ma ho paura di non riuscire a capire l'insegnante.» — **A**

**1** «Cerco un corso per il mio nipotino, che vuole imparare a dipingere partendo dalle basi.»

**2** «Vorrei incontrare pittori affermati e mettere in mostra le mie opere.»

**3** «Mi piacerebbe imparare a dipingere sulla stoffa.»

**4** «Mi interessa approfondire l'uso del computer e dei nuovi software per dipingere.»

### A
Un corso super-intensivo su base individuale pensato per tutti gli artisti che vogliano immergersi per un fine-settimana nell'atmosfera artistica fiorentina, disegnando e dipingendo insieme ad altri artisti o individualmente sotto l'attenta guida di un esperto Maestro d'arte. Le lezioni possono svolgersi in una delle seguenti lingue: italiano, inglese, francese, russo, tedesco e spagnolo; nello studio o "en plein air" nelle strade, nelle piazze o nei giardini di Firenze.

### B
Il corso di pittura dal vero e educazione vuole avvicinare i partecipanti all'apprendimento del disegno dal vero, della pittura e dell'educazione alla visione. Durante il corso è possibile dedicarsi alla pittura a olio, acquerello, tempera, lavorando quando è possibile anche all'aperto. Gli allievi saranno guidati, attraverso esercizi graduali, allo studio del soggetto, scoprendone gli elementi costitutivi.

### C
Durante il corso gli allievi potranno fare esperienze significative tramite stage, tirocini e seminari con artisti. L'Accademia mette a disposizione uno spazio espositivo, una vetrina confinante con l'aula del laboratorio di pittura che simboleggia il passaggio tra ciò che è la vita all'interno dell'Accademia e un primo approccio con il pubblico.

### D
Il corso di pittura su tessuto approfondisce l'arte della decorazione dei tessuti con i colori adatti alla tecnica. Tinte brillanti per disegni accesi o tinte più opache per un effetto country. La pittura su tessuto può rendere elegante un semplice panno vuoto. Una tecnica di grande effetto che permette di giocare con le sfumature che si preferiscono fino a realizzare immagini uniche tenendo conto anche della trama della superficie decorata.

### E
Il corso è rivolto a persone di tutte le età e a tutti i livelli. Si propone di far conoscere, a chi comincia da zero, l'arte della pittura su porcellana e, alle persone già esperte, di poter perfezionare la propria manualità. Il corso è mensile e si svolge una volta a settimana. Ogni lezione dura 3 ore. Attivo tutto l'anno, ciascun corso prevede un numero massimo di 6 allievi, per dare a tutti l'opportunità di essere seguiti singolarmente dall'insegnante.

### F
Il corso propone un metodo per realizzare immagini, attraverso la tecnica digitale, con lo scopo di sviluppare le capacità tecniche, compositive, nonché la rielaborazione di immagini originali. Non si tratta di un corso tecnico di Photoshop e Illustrator, ma di un corso espressivo di illustrazione che fa uso anche di mezzi digitali.

### G
L'Atelier è aperto ai bambini dagli 8 anni ai 14 anni circa. Il corso propone varie tecniche: matita, carboncino, china, pastello, acquerello e olio. L'insegnamento, che si svolge gradualmente su 3 livelli (principianti, medio, avanzato), permette ai bambini di partire da un livello base per poi arrivare a un livello avanzato affrontando tecniche e soggetti sempre più complessi, senza dimenticare che il disegno rimane prima di tutto un piacere.

# Leggere - esercizi

## LEGGERE

### TERZA PARTE – primo esercizio

Completa i brani 1, 2 e 3 con una delle parti di testo elencate nella pagina seguente (B-F).
- Scegli una sola parte per ogni brano.
- Scrivi la lettera della parte che completa il brano nel quadrato a destra, come nell'esempio (**0-A**).
  **Fa' attenzione:** <u>ci sono due parti di testo in più</u>.

**0**

*Starbene* è la rivista più diffusa in Italia sugli argomenti della salute, del benessere e della bellezza. _____ Nel settore dell'editoria *Starbene* è forse la rivista più seria, che tratta argomenti di salute, medicina, cura del corpo, eccetera, tramite professionisti nel settore.

**A**

**1**

Il progetto "Viaggi nell'antica Roma" racconta il Foro di Augusto e il Foro di Cesare partendo da reperti archeologici, frammenti e colonne presenti, con l'uso di tecnologie all'avanguardia. _____ Una rappresentazione emozionante e allo stesso tempo ricca di informazioni di natura storica e scientifica.

**2**

Non solo opera e balletto nella stagione estiva del Teatro dell'Opera di Roma, in programma nei magnifici spazi delle Terme di Caracalla. _____
Rimane l'attenzione all'eccellenza artistica, come già avvenuto in passato, quando a Caracalla, ad esempio, si esibì il famoso chitarrista Caetano Veloso.

**3**

Dopo il grande successo dell'anno scorso, Piazza San Cosimato torna ad essere un cinema a cielo aperto. L'intera piazza diventerà una platea a libero accesso con una capienza fino a 3.000 persone. _____ Non c'è soltanto qualcosa di romantico in questo gesto: è un atto simbolico per stimolare i cittadini a trasformare la piazza, partecipando attivamente all'organizzazione dell'evento invece di viverlo passivamente.

■ **A.** È diretta da Cristina Merlino ed ha un diffusione di circa 350.000 copie al mese.

■ **B.** Le acque che sgorgano dal terreno a una temperatura di 37 gradi centigradi formano cascate e si raccolgono in piscine naturali scavate nella roccia e disposte a gradoni in cui immergersi in totale relax, anche quando fuori fa freddo.

■ **C.** Quest'anno il cartellone si apre a tutti i generi musicali, compresi il pop e il rock.

■ **D.** Non sono previste poltrone né sedili. I partecipanti dovranno portare le proprie sedie, o cuscini o tappeti.

■ **E.** Saranno coinvolti ogni chiesa, museo o collezione, di tutta la regione, che possa vantare nel proprio patrimonio almeno un'opera del pittore rinascimentale.

■ **F.** Gli spettatori vengono accompagnati dalla voce del Prof. Piero Angela e da magnifici filmati in 3D e ricostruzioni che mostrano i luoghi così come si presentavano ai tempi degli imperatori.

# Leggere - esercizi

## LEGGERE

### TERZA PARTE – secondo esercizio

Completa i brani 1, 2 e 3 con una delle parti di testo elencate nella pagina successiva (B-F).
- Scegli una sola parte per ogni brano.
- Scrivi la lettera della parte che completa il brano nel quadrato a destra, come nell'esempio (0-A).
  Fa' attenzione: <u>ci sono due parti di testo in più</u>.

**0**

*Starbene* è la rivista più diffusa in Italia sugli argomenti della salute, del benessere e della bellezza. _____ . Nel settore dell'editoria Starbene è forse la rivista più seria, che tratta argomenti di salute, medicina, cura del corpo, eccetera, tramite professionisti nel settore.

**A**

**1**

Gli interni sfarzosi di questo caffè, il più noto della città, hanno ospitato personaggi come Lord Byron e Henry James, che prendevano qui la colazione (in epoche diverse, naturalmente) prima di attraversare la piazza per gustare il pranzo al Caffè Quadri. _____ Per spendere un po' meno, rimanete al bancone.

**2**

Antica città di frontiera tra il territorio degli Etruschi e quello degli Umbri, Todi prende il suo nome dalla parola etrusca *tular*, che significa appunto "confine". L'austero e nobile aspetto della città risale all'epoca medievale. _____ Qui si affacciano i palazzi pubblici del Comune medievale e la cattedrale romanica.

**3**

Originariamente molto più vasto, il parco di villa Grock mantiene intatto l'equilibrio armonico del suo insieme. _____ Una sapiente illuminazione "teatrale" ci fa credere che da un momento all'altro possano apparire gli acrobati, i funamboli, i giocolieri, pronti a dare vita ad uno dei loro sorprendenti spettacoli.

56  Quaderni del PLIDA B1

**A.** È diretta da Cristina Merlino ed ha un diffusione di circa 350.000 copie al mese.

**B.** Il mese inizia con il corso completo di cucina (1° livello) il primo ottobre, uno dei grandi classici del Pepe Verde, che edizione dopo edizione risulta sempre graditissimo.

**C.** Una vegetazione tipicamente mediterranea fa da sfondo a giochi di forme, spazi e luci rappresentativi del mondo del circo tanto caro al proprietario.

**D.** I veneziani hanno iniziato nel 1720 a pagare somme esorbitanti per il piacere di bere qui.

**E.** Visitato questo monumento, si riprende l'autobus per andare al parcheggio di Porta Orvietana.

**F.** Le attrazioni più significative sono il Tempio della Consolazione, capolavoro dell'architettura del rinascimento, la grande chiesa gotica di San Fortunato e la piazza che occupa lo spazio dell'antico Foro romano.

# Leggere

## QUARTA PARTE – primo esercizio

- Leggi i testi nella tabella qui sotto (1-5): ogni testo è tratto da un articolo di giornale.
- Adesso leggi gli otto titoli dell'elenco nella pagina successiva (B-I).
- Scegli per ogni testo il titolo giusto, segnando la lettera corrispondente nel quadrato a destra, come nell'esempio (0-A). **Fa' attenzione:** <u>ci sono tre titoli in più</u>.

**0**

È uno spettacolo che stupisce fin dall'inizio, quello che il cantante sta portando in giro negli stadi d'Italia. Luci accese e band che entra sul palco a salutare il pubblico, come se la festa fosse finita. Invece sta per iniziare.

**A**

**1**

Non mangiare può avere effetti positivi sull'organismo malato e favorire l'espulsione delle tossine nei soggetti sani. Astenersi completamente dal mangiare cibo, se effettuato periodicamente sotto stretta osservazione medica, si è rivelato molto efficace per il benessere psico-fisico dell'uomo.
Il dottor Longo che sta portando avanti questa ricerca ha dimostrato che non mangiare può ringiovanire il fisico, potenziando il sistema immunitario.

**2**

Ancora fiori, stampati o con effetti tridimensionali. Gonne corte o a palloncino. Queste le tendenze presentate alla settimana della moda milanese che si è appena chiusa. Il colore che la farà da padrone: il rosso. Ma per chi non lo ama particolarmente niente paura: tutte le passerelle sono state un inno al *multicolor*. Tra le altre indicazioni per essere *glamour*: la presenza nell'armadio di un capo scintillante, perché la parola d'ordine sarà: brillare.

**3**

Una dieta per ogni professione. Lo afferma Serena Missori, specialista in Endocrinologia, Diabetologia e Nutrizione. Gli impiegati, per esempio, hanno una digestione laboriosa a causa della posizione e dello scarso movimento, tendono alle contratture del collo e delle spalle a causa della postura obbligata. Possono beneficiare di tisane drenanti e disintossicanti in associazione a un pranzo non abbondante composto da cereali integrali, proteine magre e verdura a foglie piccole di più facile digestione.

**4**

Raffaele Tonon, opinionista e famoso personaggio televisivo, si è aggiudicato il primo premio del reality *La Fattoria*. Ha raccontato che ha partecipato al programma perché era l'unico modo per avere un ritorno in termini di visibilità e per essere conosciuto da un pubblico ancora più ampio. «I soldi non mi sono mai interessati – racconta Tonon – ho deciso quindi che con il premio farò della beneficenza e aiuterò delle persone che non sono state fortunate come me».

**5**

È stato presentato al CES di Las Vegas questo prodotto innovativo. Ma che cosa è? ILI non è nient'altro che una piccola scatoletta da indossare nel modo che si preferisce, in grado di riconoscere e interpretare simultaneamente inglese, giapponese e cinese. Al suo interno c'è tutto quello che serve: una sorta di archivio con tutti i dati necessari, un sistema di riconoscimento vocale e un apposito sintetizzatore che potrà essere utilizzato sia per capire cosa il vostro interlocutore dice sia quello che vorremmo dirgli.

- **A.** Lorenzo nei Palazzetti dello Sport: al via i concerti 2018-2019 di Jovanotti

- **B.** Ecco come ci vestiremo la prossima stagione

- **C.** «Una parte della vincita la darò a chi ha più bisogno di me»

- **D.** Come perdere peso in una settimana

- **E.** La nuova invenzione: il traduttore da tenere al collo

- **F.** La fiera del libro per ragazzi festeggia i suoi primi 50 anni

- **G.** Curarsi con il digiuno: i benefici per la salute

- **H.** Auto parcheggiate troppo vicino ai binari: tram 5 bloccato per ore

- **I.** Dimmi che lavoro fai e ti dirò cosa mangiare

# Leggere - esercizi

## LEGGERE

### QUARTA PARTE – secondo esercizio

- Leggi i testi nella tabella qui sotto (1-5): ogni testo è tratto da un articolo di giornale.
- Adesso leggi gli otto titoli dell'elenco nella pagina successiva (B-I).
- Scegli per ogni testo il titolo giusto, segnando la lettera corrispondente nel quadrato a destra, come nell'esempio (0-A). **Fa' attenzione:** <u>ci sono tre titoli in più</u>.

**0**

È uno spettacolo che stupisce fin dall'inizio, quello che il cantante sta portando in giro negli stadi d'Italia. Luci accese e band che entra sul palco a salutare il pubblico, come se la festa fosse finita. Invece sta per iniziare.

**A**

**1**

Per il loro quartiere sognano piscine, piste ciclabili e spazi dove poter andare sui pattini o con lo skateboard. Ma nella vita reale quasi 2 su 3 trascorrono in casa il tempo libero. È la vita dei ragazzi e dei bambini di città. A fotografare i loro stili di vita l'indagine "Lo stile di vita dei bambini e dei ragazzi" realizzata da Ipsos per Save The Children e presentata in occasione dei 5 anni del progetto "Pronti, partenza via!" promosso nelle aree periferiche di 14 città italiane.

**2**

Alberi e rami caduti e strade chiuse in serata a Roma a causa di forti raffiche di vento. Nel pomeriggio un grosso pino si era abbattuto su via Acilia.
In serata si registrano problemi in molte zone, in particolare in quella sud: proprio a causa di rami o alberi abbattutisi sulla carreggiata si registrano chiusure delle strade o disagi per il traffico.

**3**

Lo scorso anno il nostro è risultato il Paese con il tasso di natalità più basso tra quelli dell'UE. Lo ha reso noto Eurostat. Complessivamente, nei 28 Paesi dell'Unione nel 2015 la popolazione è cresciuta passando da 508,3 a 510,1 milioni. Ma ciò, osserva Eurostat, è avvenuto solo grazie agli immigrati poiché tra i residenti le nascite (5,1 milioni) sono state inferiori alle morti (5,2 milioni).

**4**

Oltre 120mila capi di abbigliamento sono stati requisiti dalla Guardia di Finanza di Caserta all'interno dei negozi di un *outlet village*, che sono stati in pratica svuotati al 90%. I capi contraffatti – è emerso – in particolare pantaloni, giubbotti, felpe, erano messi in vendita accanto a quelli originali, circostanza che ha reso molto difficile il lavoro degli inquirenti.

**5**

Il sottosuolo di Olbia continua a svelare parti della sua storia, riportando alla luce resti di civiltà antiche sepolte sotto terra. Questa mattina, durante i lavori per la realizzazione della rete del gas in via Mameli, gli operai hanno ritrovato un'urna cineraria di epoca romana contenente i resti di un defunto.

- **A.** Lorenzo nei Palazzetti dello Sport: al via i concerti 2018-2019 di Jovanotti
- **B.** Noi italiani facciamo sempre meno figli
- **C.** Maxi sequestro di merce falsa in Campania
- **D.** Ancora un importante ritrovamento archeologico
- **E.** In arrivo una violenta ondata di gelo: tornano neve e grandine
- **F.** Al via i saldi. Sconti pazzi su borse e scarpe
- **G.** Nuove assunzioni nelle forze dell'ordine
- **H.** Danni in città dopo il maltempo
- **I.** Dopo la scuola? Poco movimento e quasi mai all'aria aperta

Scrivere - esercizi

## SCRIVERE

Come prepararsi alla prova SCRIVERE

- **Pianifica il tempo a disposizione:** durante l'esame avrai 60 minuti di tempo per l'intera prova. In 60 minuti devi svolgere tutt'e due le tracce. Calcola 30 minuti circa per ogni prova.
- **Se scrivi una "brutta copia"** calcola 10 minuti per copiare il testo in "bella copia".
- **Conta il numero di parole** e rispetta il limite indicato per la prima e la seconda traccia.
- **Non scrivere testi troppo lunghi.** Le parole in più (oltre il limite indicato) sono inutili per la valutazione della prova.

### 1. Che cosa devi scrivere?

- Leggi bene la traccia e fa' attenzione alle parole chiave della scaletta (descrivi / racconta / spiega, ecc.) per capire che cosa devi scrivere.
- Sviluppa tutti i punti della scaletta nell'ordine indicato.

### 2. Che tipo di testo devi scrivere?

Nella traccia è indicato:

- il **tipo di testo** che devi scrivere: per esempio un'email, una recensione, un post, ecc.
- **a chi** devi scrivere: per esempio un amico, i lettori di un blog / di un sito, il responsabile di un servizio, ecc.

A seconda del tipo di testo richiesto e del destinatario, decidi se devi usare un tono formale o informale.

### 3. Che forma devi dare al testo?

- Scegli **un formato** (se necessario): per esempio se devi scrivere un'email

| | |
|---|---|
| ricorda di scrivere l'indirizzo e l'oggetto dell'email | A: pianetanettuno@gmail.com<br>Oggetto: informazioni sul corso |
| scegli le formule di apertura e chiusura (se necessario) | Cara Silvia<br>Gentile sig. Fabi |
| scegli un **titolo** (se necessario) | *L'hotel Stella Marina a Ischia* |

## PRIMA PARTE n. 1 (minimo 110 - massimo 150 parole)

Sei capitato su questo sito:

Decidi di lasciare anche tu il tuo contributo nella sezione "consigli di viaggio", proponendo un viaggio in un luogo che ti piace molto del tuo Paese:
- proponi un itinerario;
- descrivi i luoghi più interessanti da visitare;
- spiega perché li consigli.

(Scrivi tra 110 e 150 parole: il conteggio comprenderà anche gli articoli, le preposizioni o le congiunzioni formati da una sola lettera. Ricorda che all'esame i testi che avranno in totale meno di 110 parole saranno annullati)

# Scrivere - esercizi

# Scrivere - esercizi

## PRIMA PARTE n. 2 (minimo 110 - massimo 150 parole)

Hai prenotato un appartamento in una località turistica per un fine settimana tramite un'agenzia online. La descrizione parlava di un ampio e luminoso bilocale con letto matrimoniale e cucina spaziosa, ma quando sei arrivato hai trovato una situazione molto diversa (vedi le foto qui sotto).

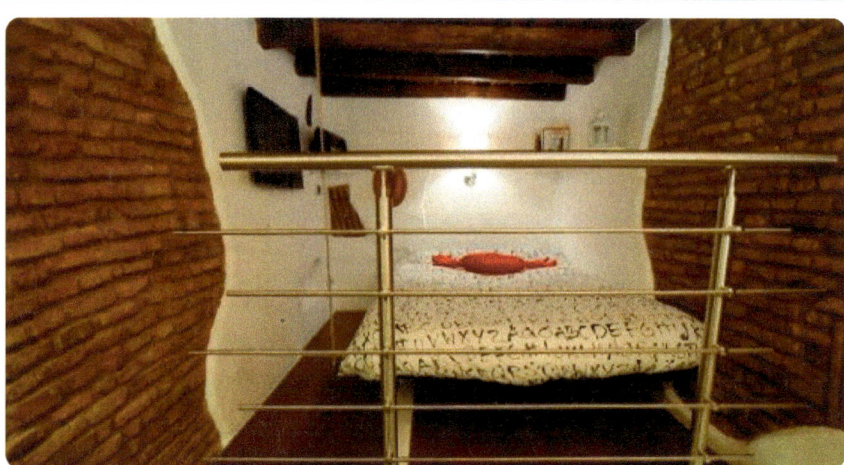

Scrivi un'email all'agenzia per protestare.
Nell'email:
- descrivi la situazione che hai trovato;
- spiega quali problemi hai avuto;
- chiedi un risarcimento.

(Scrivi tra 110 e 150 parole: il conteggio comprenderà anche gli articoli, le preposizioni o le congiunzioni formati da una sola lettera. Ricorda che all'esame i testi che avranno in totale meno di 110 parole saranno annullati)

# Scrivere - esercizi

### SECONDA PARTE n. 1 (minimo 70 - massimo 100 parole)

Su un blog hai trovato questo post:

• Home    • Chi siamo ⌄    • Il nostro diario ⌄    • Recensioni    • Eventi ⌄    • Interviste    • Wish List

# MI RACCONTI IL TUO SOGNO?

Mi capita spesso che qualcuno mi dica: «Ho fatto un sogno». Credo sia successo anche a molti di voi che qualcuno vi abbia detto la stessa cosa e vi abbia raccontato quello che ricordava delle cose sognate la notte precedente. Ti va di raccontarmi un sogno che hai fatto ultimamente?

Decidi di rispondere al post:
- racconta un sogno che ricordi;
- descrivi le sensazioni che hai provato nel sogno;
- cerca di spiegare che cosa significa il sogno secondo te.

(Scrivi tra 70 e 100 parole: il conteggio comprenderà anche gli articoli, le preposizioni o le congiunzioni formati da una sola lettera. Ricorda che all'esame i testi che avranno in totale meno di 70 parole saranno annullati)

## Scrivere - esercizi

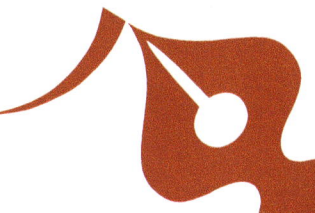

## SECONDA PARTE n. 2 (minimo 70 - massimo 100 parole)

Hai saputo che un professore a cui eri molto affezionato quando andavi a scuola andrà in pensione la settimana prossima. Decidi di scrivergli una lettera per fargli gli auguri.
Nella lettera:
- ricordagli chi sei e quando sei stato suo alunno;
- spiegagli perché è stata una persona importante per te;
- raccontagli che cosa hai fatto nella vita negli ultimi anni.

(Scrivi tra 70 e 100 parole: il conteggio comprenderà anche gli articoli, le preposizioni o le congiunzioni formati da una sola lettera. Ricorda che all'esame i testi che avranno in totale meno di 70 parole saranno annullati)

# Scrivere - esercizi

# Parlare

## PRIMA PARTE - INTERAZIONE

In questa parte dell'esame la commissione deciderà se sosterrai la prova con l'intervistatore o con un altro candidato. Non sarai tu a scegliere la traccia. La traccia verrà scelta dalla commissione.

**INTERAZIONE TRA CANDIDATO E INTERVISTATORE n. 1**

(minimo 3 / massimo 4 minuti + 3 minuti di preparazione)

Su Internet hai acquistato questo abbonamento:

Quando vai in palestra ti accorgi che ci sono dei problemi:

Sei deciso a disdire il tuo abbonamento e vai a parlare con un responsabile della palestra:

- spiega qual è il problema;
- esponi la tua richiesta;
- trova un accordo con il responsabile.

Parlare - esercizi

### Come prepararsi all'INTERAZIONE n. 1

**1.** Leggi bene la traccia.
**2.** Leggi bene i 3 punti della scaletta. Nei 3 minuti dell'interazione dovrai:
- SPIEGARE QUALCOSA
- FARE UNA RICHIESTA
- TROVARE UN ACCORDO CON UN'ALTRA PERSONA

Dovrai parlare 1 minuto circa per ogni punto della scaletta.

**3.** Ora hai 3 minuti di tempo:
- Che cosa puoi dire per ogni punto della scaletta?
- Che tipo di domande potrà farti il responsabile della palestra? Come potresti rispondere?
- Scrivi su un foglio le parole chiave o le espressioni che ti sembrano utili.

### INTERAZIONE TRA CANDIDATI n. 2

(minimo 3 / massimo 4 minuti + 3 minuti di preparazione)

Un vostro amico / una vostra amica si sposerà presto. Volete fare il regalo di matrimonio insieme ma avete idee diverse.
**Candidato A:** vuoi regalare qualcosa di prezioso (vedi l'allegato 1).
**Candidato B:** vuoi regalare qualcosa di romantico (vedi l'allegato 2).

Parlate tra di voi:
- descrivete il vostro regalo;
- spiegate perché vi sembra migliore dell'altro;
- decidete insieme quale dei due regali comprare.

### Come prepararsi all'INTERAZIONE n. 2

**1.** Leggi bene la traccia.
**2.** Leggi bene i 3 punti della scaletta. Nei 3 minuti dell'interazione dovrai:
- DESCRIVERE QUALCOSA
- PARLARE DEGLI ASPETTI POSITIVI DI QUALCOSA
- TROVARE UN ACCORDO CON UN'ALTRA PERSONA

Dovrai parlare 1 minuto circa per ogni punto della scaletta.

**N.B.** In questo tipo di interazione riceverai solo il tuo allegato. Non saprai quale idea sosterrà il tuo compagno.
**Se ti eserciti con un compagno:** decidete chi è il Candidato A e chi è il Candidato B. Preparatevi sul vostro allegato senza mostrarlo al vostro compagno.
**Se ti eserciti da solo:** scegli se vuoi essere il Candidato A o il Candidato B. Preparati SOLO sul tuo allegato.

**3.** Ora hai 3 minuti di tempo:
- Che cosa puoi dire per ogni punto della scaletta?
- Che tipo di obiezioni potrà farti l'altro candidato? Come potresti rispondere?
- Scrivi su un foglio le parole chiave o le espressioni che ti sembrano utili.

## INTERAZIONE TRA CANDIDATI n. 3

**(minimo 3 / massimo 4 minuti + 3 minuti di preparazione)**

Lavorate in una scuola con ragazzi adolescenti. Vi è stato chiesto di organizzare un corso legato al tema dell'ecologia. In Internet avete trovato alcune proposte che vi sembrano interessanti (vedi l'allegato 3).

Parlate tra di voi:
- confrontate le proposte dell'allegato;
- dite quali sono i punti di forza di ogni proposta;
- scegliete insieme UNA SOLA proposta da proporre alla scuola.

### Come prepararsi all'INTERAZIONE n. 3

**1.** Leggi bene la traccia.
**2.** Leggi bene i 3 punti della scaletta. Nei 3 minuti dell'interazione dovrai:
- CONFRONTARE QUALCOSA
- PARLARE DEI PUNTI DI FORZA DI QUALCOSA
- TROVARE UN ACCORDO CON UN'ALTRA PERSONA

Dovrai parlare 1 minuto circa per ogni punto della scaletta.

**N.B. In questo tipo di interazione tu e il tuo compagno riceverete lo stesso allegato e potrete riflettere insieme sulla traccia e sui tre punti della scaletta.**

**3.** Ora hai 3 minuti di tempo:
- Che cosa puoi dire per ogni punto della scaletta?
- Che tipo di domande puoi fare all'altro candidato? Come potresti rispondere alle domande che ti farà l'altro candidato?
- Scrivi su un foglio le parole chiave o le espressioni che ti sembrano utili.

# PARLARE

## SECONDA PARTE – MONOLOGO

In questa parte dell'esame la commissione ti darà tre tracce che trattano argomenti diversi. Dopo aver letto le tre tracce, sarai tu a decidere su quale argomento parlare.

## MONOLOGO 1 (minimo 3 / massimo 4 minuti + 3 minuti di preparazione)

Guarda l'immagine e leggi il testo.

Giocare, si sa, è una cosa seria, che impegna corpo e mente, permette di imparare e aiuta i bambini a comprendere il mondo degli adulti. Giocare è un modo per incontrarsi, conoscersi e fare amicizia. I giochi sono anche momenti di scambio interculturale: occasioni di contatto tra ciò che si conosce e ciò che è nuovo, di ricerca tra somiglianze e differenze. Quindi giochiamo! O meglio, usiamo il gioco per aiutare i bambini a crescere.

Adesso prepara il tuo discorso. Nei 3 minuti del monologo dovrai:
• riassumere brevemente il testo;
• dire quali erano i tuoi giochi preferiti da piccolo e con chi giocavi;
• dire quali giochi fai oggi.

### Come prepararsi al MONOLOGO 1

**1.** Leggi bene la traccia.
**2.** Leggi bene i 3 punti della scaletta. Nei 3 minuti del monologo dovrai:
  • RIASSUMERE UN TESTO
  • RACCONTARE QUALCOSA
  • DESCRIVERE QUALCOSA
Dovrai parlare 1 minuto circa per ogni punto della scaletta.

**3.** Ora hai 3 minuti di tempo:
  • Qual è l'argomento trattato nel testo che hai letto? Seleziona le informazioni importanti.
  • Usa i punti della scaletta come un aiuto per il tuo discorso. Immagina che ogni punto sia una domanda e pensa a come puoi rispondere.
  • Scrivi su un foglio le parole chiave o le espressioni che ti sembrano utili.

## MONOLOGO 2 (minimo 3 / massimo 4 minuti + 3 minuti di preparazione)

Guarda l'immagine e leggi il testo.

Gli amici si scelgono, i colleghi no. Per questo è una fortuna lavorare dove si riescono ad avere, oltre a buoni rapporti di lavoro, anche buoni rapporti di amicizia. Avere buoni rapporti lavorativi è un traguardo importante. Con i colleghi più stretti si passano più ore che con la famiglia a casa, quindi è bene che il clima sia piacevole e senza tensioni, non una fonte di stress.

Adesso prepara il tuo discorso. Nei 3 minuti del monologo dovrai:
• riassumere brevemente il testo;
• dire se secondo te è possibile lavorare con i propri amici;
• descrivere il tuo collega ideale.

### Come prepararsi al MONOLOGO 2

**1.** Leggi bene la traccia.

**2.** Leggi bene i 3 punti della scaletta. Nei 3 minuti del monologo dovrai:
   • RIASSUMERE UN TESTO
   • ESPRIMERE UN'OPINIONE
   • DESCRIVERE QUALCUNO
Dovrai parlare 1 minuto circa per ogni punto della scaletta.

**3.** Ora hai 3 minuti di tempo:
   • Qual è l'argomento trattato nel testo che hai letto? Seleziona le informazioni importanti.
   • Usa i punti della scaletta come un aiuto per il tuo discorso. Immagina che ogni punto sia una domanda e pensa a come puoi rispondere.
   • Scrivi su un foglio le parole chiave o le espressioni che ti sembrano utili.

Parlare - esercizi

### MONOLOGO 3 (minimo 3 / massimo 4 minuti + 3 minuti di preparazione)

Guarda l'immagine e leggi il testo.

I giovani italiani vogliono sì andare via di casa, ma spesso non possono permettersi di acquistarne una propria, per il denaro che spesso manca e per il lavoro che non sempre è sicuro e richiede molti sacrifici. In questo caso acquistare casa sarebbe solo un problema e un dispendio inutile di denaro. Per le nuove generazioni inoltre, la casa non ha più il fascino che aveva una volta, quando era considerata come un punto di arrivo insieme al matrimonio e al posto fisso di lavoro.

Adesso prepara il tuo discorso. Nei 3 minuti del monologo dovrai:
• riassumere brevemente il testo;
• parlare della situazione lavorativa e abitativa dei giovani del tuo Paese;
• dire che cosa sceglieresti tu tra affittare o comprare una casa.

**Come prepararsi al MONOLOGO 3**

1. Leggi bene la traccia.
2. Leggi bene i 3 punti della scaletta. Nei 3 minuti del monologo dovrai:
   • RIASSUMERE UN TESTO
   • DESCRIVERE UNA SITUAZIONE
   • ESPRIMERE UN'OPINIONE
Dovrai parlare 1 minuto circa per ogni punto della scaletta.

3. Ora hai 3 minuti di tempo:
   • Qual è l'argomento trattato nel testo che hai letto? Seleziona le informazioni importanti.
   • Usa i punti della scaletta come un aiuto per il tuo discorso. Immagina che ogni punto sia una domanda e pensa a come puoi rispondere.
   • Scrivi su un foglio le parole chiave o le espressioni che ti sembrano utili.

allegato 1 – **INTERAZIONE TRA CANDIDATI n. 2** – **CANDIDATO A**

*Set Posate in argento 24 Pezzi*

Prezzo: € 300,00

Disponibilità immediata.
Spedizione gratuita in 24 ore

Un elegante servizio di posate in stile inglese è indispensabile in ogni casa. Il set da 24 pezzi è formato da 6 coltelli, 6 forchette, 6 cucchiai e 6 cucchiaini.

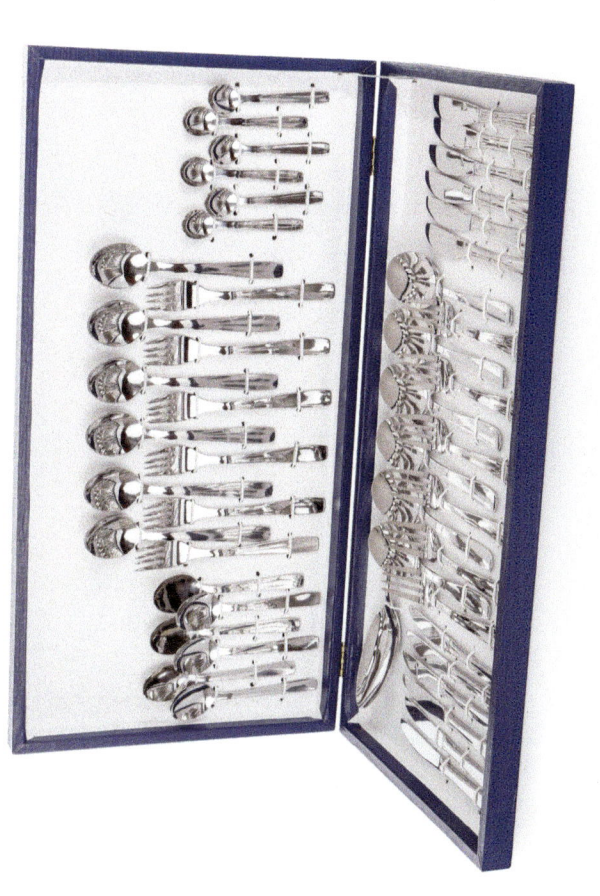

allegato 2 – **INTERAZIONE TRA CANDIDATI n. 2 – CANDIDATO B**

**Tre giorni da sogno a Parigi**

**Prezzo: € 299,90**

2 notti con colazione per 2 persone

Se ti vuoi distinguere con un regalo originale, questa è l'idea giusta per te. Regala tre giorni da sogno a Parigi! Una città unica, ricca di fascino e storia, dove trascorrere due meravigliose notti in hotel a 3 o 4 stelle. Una vacanza indimenticabile da vivere in due!

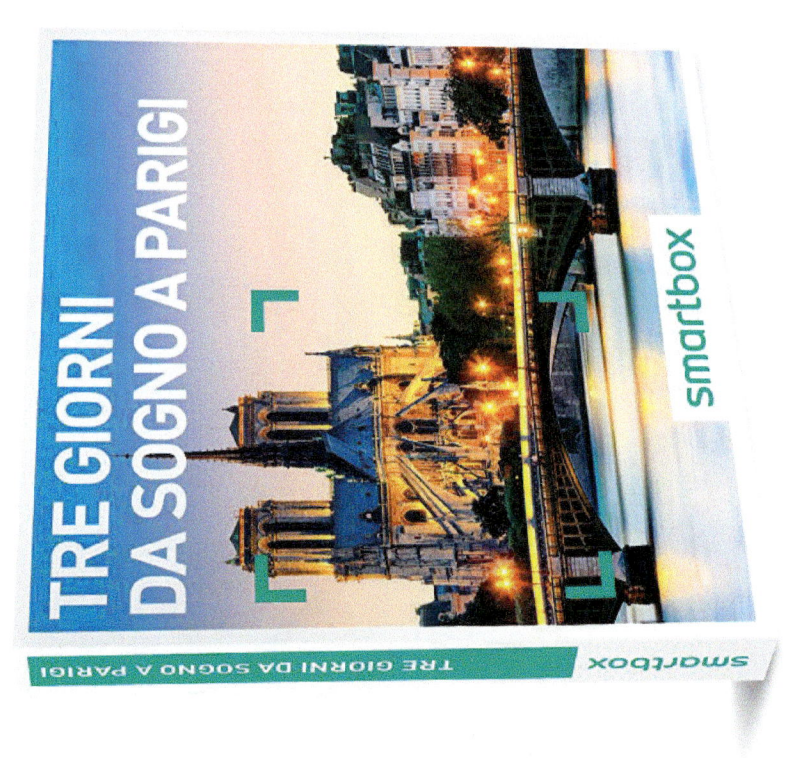

allegato 3 – INTERAZIONE TRA CANDIDATI n. 3

### Occhio all'etichetta
I ragazzi, grandi "divoratori" di bibite, snack e merendine, saranno condotti alla scoperta dell'etichetta. Il laboratorio si propone infatti di fornire gli strumenti basilari per saper scegliere gli alimenti in base a criteri di genuinità e non in base alla pubblicità.

### Ragazzi in orto
Laboratorio di orticoltura naturale dedicato ai ragazzi che vogliono trascorrere un po' di tempo all'aria aperta e mettere le mani nella terra. Con i metodi della coltivazione biologica realizzeremo insieme un vero e proprio orto naturale partendo dalla semina di ortaggi, fiori e aromi, arrivando alla raccolta dei frutti.

### Il laboratorio del riciclo
Il laboratorio ha lo scopo di sensibilizzare i ragazzi sui temi del riuso, del riciclo e del rispetto per l'ambiente e di renderli più attenti ai loro gesti quotidiani. Con un po' di creatività e con l'aiuto di pochi strumenti, i ragazzi potranno trasformare materiali di scarto, che normalmente finiscono nella spazzatura, in cose nuove, belle e utili dando loro una seconda vita e allo stesso tempo aiutando l'ambiente.

# prova d'esame B1

prova d'esame B1

## INFORMAZIONI SULLE PROVE ASCOLTARE E LEGGERE

Le prove di **ricezione** (Ascoltare e Leggere) prevedono tutte esercizi a risposta chiusa. Alle singole risposte viene assegnato un punteggio diverso in base al livello di difficoltà della domanda registrato in fase di sperimentazione: chi risponde correttamente alle domande più difficili ottiene più punti.
La prova **Ascoltare** dura 30 minuti ed è composta da quattro parti, per un totale di 20 item. In caso di risposta esatta, gli item 1-15 (parti 1, 2 e 3) assegnano 1,3 punti, mentre gli item 16-20 (parte 4) assegnano 2,1 punti. Le domande sbagliate, quelle lasciate in bianco o quelle cui viene data più di una risposta valgono 0 punti.
La prova **Leggere** dura 40 minuti ed è composta da quattro parti, per un totale di 18 item. In caso di risposta esatta, gli item 1-6 (parte 1) assegnano 2,2 punti, mentre gli item 7-18 (parti 2, 3 e 4) assegnano 1,4 punti.
I testi delle prove **Leggere** sono tutti autentici o adattati fino a un massimo del 10% del testo originale.
Alla fine della prova avrai dieci minuti per copiare le risposte sul tuo foglio risposte.

## ISTRUZIONI PER LO SVOLGIMENTO DELLA PROVA

(le istruzioni che seguono devono essere spiegate ai candidati anche nella loro madrelingua o in una lingua veicolare a loro accessibile)

Il punteggio assegnato per ogni risposta delle prove Ascoltare e Leggere varia in base al tipo di domanda ed è riportato all'inizio di ogni parte. Ogni risposta errata, omessa o doppia vale zero.

Il tempo a disposizione per svolgere le prove è indicato all'inizio di ciascuna abilità.

Non è consentito l'uso di fogli di brutta copia: potete prendere appunti solo su questo stampato; **alla fine della prova avrete fino a dieci minuti di tempo per trascrivere le risposte** *nel foglio delle risposte*.

**È vietato usare il bianchetto; i fogli risposta dovranno essere compilati con una penna a inchiostro non cancellabile blu o nero.** I fogli delle risposte riempiti a matita, con la penna cancellabile o corretti con il bianchetto saranno annullati.

Gli apparecchi elettronici devono restare spenti per tutta la durata dell'esame. Durante la prova è vietato utilizzare apparecchi elettronici come smartphone, tablet, lettori ebook o computer. Le prove di coloro che verranno sorpresi con apparecchi elettronici accesi saranno annullate.

Non è possibile utilizzare testi di alcun tipo. Le prove su cui saranno riscontrati inserti anche minimi copiati da altri testi saranno annullate.

Non è possibile usare alcun tipo di materiale didattico o personale di ausilio alle prove (appunti, dizionari, libri, ecc.).

# Istruzioni per compilare il foglio delle risposte

### Segno di risposta corretto:

*Marca correcta / Marque correcte:*
*Correct mark / Markieren Sie Ihre Antwort so:*
正确的答案标识

|   | A | B | C | D |
|---|---|---|---|---|
| 1 | ○ | ○ | ✕ | ○ |

### Per cambiare risposta:

*Para cambiar tu respuesta: / Pour modifier ta réponse:*
*To change your answer: / Ändern Sie Ihre Antwort so:*
如要变更答案

**1** Annerisci il cerchietto della risposta sbagliata…
*Llena el círculo de la respuesta incorrecta…*
*Remplis le cercle de la réponse erroné…*
Darken the circle with the uncorrect answer…
*Füllen Sie das falsche Feld aus…*
请将错选的圆圈涂黑

| 4 | ○ | ⊗ | ○ |

**2** … e segna una X su quella giusta.
*… y marca con una cruz la correcta.*
*… et marque d'une croix la correcte.*
… and mark with X the correct one.
*… und kreuzen Sie das richtige Feld neu.*
并在正确答案上打叉X

| 4 | ✕ | ⊗ | ○ |

Quaderni del PLIDA B1

 **ASCOLTARE**

(**Durata totale: 30 minuti**)

**PRIMA PARTE**

(Ogni risposta corretta vale 1,3 punti. Le risposte doppie o lasciate in bianco valgono 0 punti)

ISTRUZIONI

In questo esercizio sentirai cinque brevi dialoghi. Ascolta ogni dialogo e scegli per ogni domanda il disegno giusto fra i tre proposti. Devi scegliere solo un disegno per ogni domanda.
Ora ascolta l'esempio (**0**):

Esempio

**0** **Chi è il fratello della ragazza?**

A ☒   B ☐   C ☐

Il disegno giusto è A.

**Ora la registrazione sarà interrotta e puoi fare domande alla commissione d'esame se non hai capito le istruzioni.**

---

Adesso hai un minuto per leggere le domande e guardare i disegni. Allo scadere del minuto sentirai un suono e inizierà la prova. Ascolterai ogni dialogo due volte.

prova d'esame B1

### 1 Che cosa ha fatto Sara?

A ☐    B ☐    C ☐

### 2 Che cosa hanno fatto in vacanza?

A ☐    B ☐    C ☐

### 3 Che cosa è successo?

A ☐    B ☐    C ☐

**4** Che cosa hanno rubato ai Bianchi?

A
B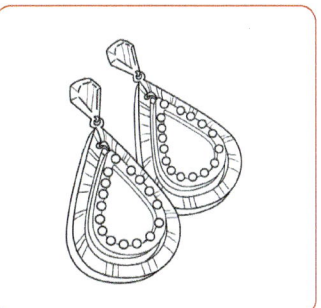
C

**5** Che cosa piace fare a Carlo?

A
B
C

prova d'esame B1

## ASCOLTARE

### SECONDA PARTE
(Ogni risposta corretta vale 1,3 punti. Le risposte doppie o lasciate in bianco valgono 0 punti)

### ISTRUZIONI

In questo esercizio sentirai quattro brevi dialoghi. Ascolta ogni dialogo e scegli per ogni domanda il disegno giusto fra i tre proposti. Devi scegliere solo un disegno per ogni domanda.

Adesso hai un minuto per leggere le domande e guardare i disegni. Allo scadere del minuto sentirai un suono e inizierà la prova. Ascolterai ogni dialogo due volte.

**6** Cosa deve fare Guido?

**7** Dove metterà le bottiglie?

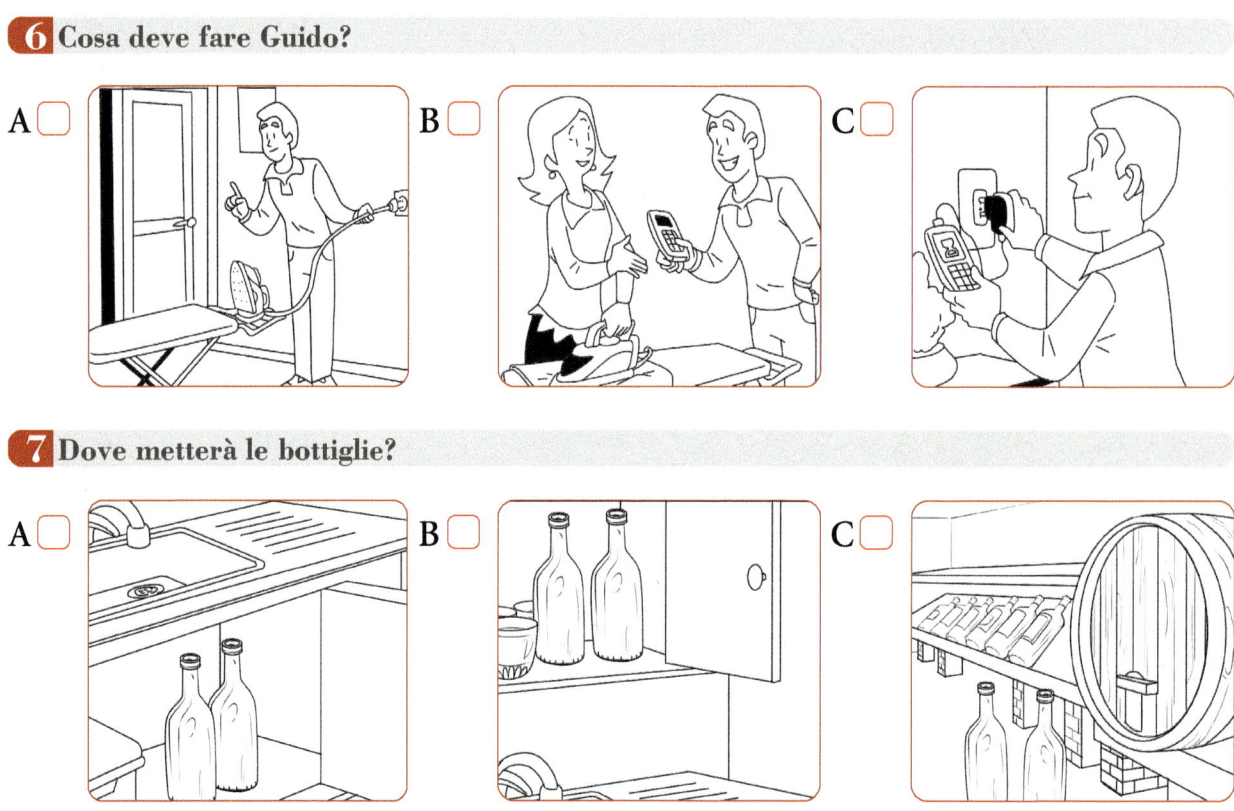

**8** Che cosa deve spostare la ragazza?

A   B 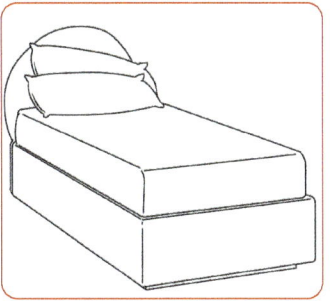  C

**9** Che cosa deve fare ancora la segretaria?

A   B   C

# prova d'esame B1

## ASCOLTARE

### TERZA PARTE

(Ogni risposta corretta vale 1,3 punti. Le risposte doppie o lasciate in bianco valgono 0 punti)

In questo esercizio ascolterai sei persone che parlano di ristoranti. Associa a ogni racconto una delle nove frasi elencate (A-I). Scrivi nella tabella la lettera della frase che hai scelto accanto al numero del racconto corrispondente. Devi scegliere solo sei frasi, una per ogni racconto.
Fa' attenzione: <u>ci sono due frasi in più</u>. Ora ascolta l'esempio (0):

**Quale frase corrisponde al racconto che hai appena ascoltato?** La frase giusta è la I.

Ora la registrazione sarà interrotta e puoi fare domande alla commissione d'esame se non hai capito le istruzioni.

---

Adesso hai un minuto per leggere le frasi. Allo scadere del minuto sentirai un suono e inizierà la prova. Ascolterai ogni racconto due volte.

| | Racconto | Frase |
|---|---|---|
| **A** Ha conosciuto nuove persone. | 0 | I |
| **B** Prima di andarci, ha letto il giudizio di altri clienti. | 10 | |
| **C** Ha incontrato amici che non vedeva da tempo. | 11 | |
| **D** Ha mangiato molto male. | 12 | |
| **E** L'ambiente è curato e il personale piacevole. | 13 | |
| **F** Ha aspettato tanto per mangiare. | 14 | |
| **G** Il servizio è stato pessimo. | 15 | |
| **H** Nel ristorante c'è troppo rumore. | | |
| **I** Ha mangiato dei buoni dolci. | | |

# ASCOLTARE

## QUARTA PARTE
(Ogni risposta corretta vale 2,1 punti. Le risposte doppie o lasciate in bianco valgono 0 punti)

### ISTRUZIONI

In questo esercizio sentirai cinque brevi dialoghi. Ascolta ogni dialogo e scegli per ogni domanda la risposta giusta fra le tre proposte. Devi scegliere solo una risposta per ogni domanda. Ora ascolta l'esempio (0):

Esempio

**0 Che cosa è successo a Sonia?**

A. ☐ È stata malata.

B. ☐ Ha fatto sport.

C. ☒ Ha perso peso.

La risposta giusta è C.

**Ora la registrazione sarà interrotta e puoi fare domande alla commissione d'esame se non hai capito le istruzioni.**

---

Adesso hai un minuto per leggere le domande e le risposte. Allo scadere del minuto sentirai un suono e inizierà la prova. Ascolterai ogni dialogo due volte.

prova d'esame B1

**16** **L'ultima volta a cena, Marcello**

A. ☐ è rimasto fino a tardi.

B. ☐ ha lavato i piatti.

C. ☐ si è addormentato.

**17** **Che cosa vuole fare il ragazzo?**

A. ☐ Cambiare la stampante.

B. ☐ Aggiustare il computer.

C. ☐ Togliere l'elettricità.

**18** **L'azienda deve**

A. ☐ riparare un guasto.

B. ☐ avviare un servizio.

C. ☐ annullare un pagamento.

**19** **Che cosa è successo nel fine settimana?**

A. ☐ Si sono persi.

B. ☐ Si sono bagnati.

C. ☐ Si sono ammalati.

**20** **Giulio va in montagna**

A. ☐ per fare sport.

B. ☐ per lavorare.

C. ☐ per rilassarsi.

# LEGGERE
(Durata totale: 40 minuti)

## PRIMA PARTE
(Ogni risposta corretta vale 2,2 punti. Le risposte doppie o lasciate in bianco valgono 0 punti)

### ISTRUZIONI

Leggi i testi qui sotto (1-6). Completa le frasi segnando una crocetta sui riquadri . Indica solo una possibilità (A, B, C o D), come nell'esempio (**0-A**).

Esempio

**0**

### CLIMA
La città di Torino, per la sua posizione geografica, è caratterizzata da inverni freddi, ma non rigidi, ed estati calde, ma non torride. D'estate la temperatura si aggira intorno ai 24 gradi, mentre durante l'inverno difficilmente scende sotto lo zero, sebbene l'aria sia fredda.
La primavera è accompagnata da un clima mite, mentre in autunno il clima è più caldo.

> **Da dove vengono queste informazioni?**
>
> A. ☒ Da una guida turistica.
>
> B. ☐ Dalle previsioni del tempo.
>
> C. ☐ Da un articolo di cronaca.
>
> D. ☐ Da un volantino pubblicitario.

prova d'esame B1

**1**

Fabbri 1905, azienda del settore alimentare dolciario, è alla ricerca di nuove figure professionali in tutta Italia. L'azienda produce e vende semilavorati per gelateria, basi e ingredienti per gelato, prodotti per pasticcieri, ristoratori, gestori di bar e pubblici esercizi di ogni tipo. Le posizioni aperte sono una cinquantina e riguardano venditori al largo consumo e venditori della divisione pasticceria. Gli interessati possono consultare gli annunci e candidarsi direttamente dal sito web.

**L'azienda Fabbri 1905**

A. ☐ vende anche online.

B. ☐ organizza corsi di formazione.

C. ☐ offre posti di lavoro.

D. ☐ apre un nuovo negozio.

**2**

#pendolariitalia: comunicate i disagi e i ritardi dei trasporti in Italia. Raccontateci la vostra complicata avventura quotidiana per raggiungere scuola e lavoro. Le comunicazioni potranno essere fatte su Twitter con #pendolariitalia. Per le testimonianze che necessitano di più spazio sono a disposizione l'indirizzo email web@iltirreno.it e la nostra pagina Facebook oppure si può intervenire direttamente sul liveblog cliccando su "Commenta".

**Con #pendolariitalia puoi**

A. ☐ informarti sui cambiamenti di orario.

B. ☐ segnalare i problemi dei viaggiatori.

C. ☐ avvisare quando c'è traffico.

D. ☐ prenotare un posto rapidamente.

**3**

Secondo una ricerca tedesca, il temperamento latino, che accomuna italiani e spagnoli, e si concretizza in un carattere focoso che reagisce agli insulti e alle critiche, avrebbe come vantaggio quello di allungare la vita e di ridurre il rischio di malattie. L'ipotesi parte dal confronto tra il carattere britannico, più diplomatico, meno incline a mostrare emozioni negative e quello mediterraneo, più acceso. Secondo i ricercatori, spagnoli e italiani vivono in media due anni in più dei britannici proprio grazie a questo atteggiamento meno portato a nascondere le emozioni negative.

**Secondo l'articolo, fa bene alla salute**

A. ☐ ascoltare il giudizio degli altri.

B. ☐ cercare di essere pazienti con le persone.

C. ☐ affrontare i problemi con allegria.

D. ☐ esprimere liberamente i propri sentimenti.

### 4

I cittadini possono liberarsi di vecchie biciclette, anche non funzionanti, portandole all'Associazione Culturale Ciclonauti, che ha organizzato 10 postazioni in tutta la città. Le vecchie bici (o parti di esse) saranno recuperate, aggiustate e successivamente restituite alla cittadinanza attraverso iniziative culturali, di beneficenza, ecc.

**Il messaggio descrive un'iniziativa per**

A. ☐ fare una mostra di vecchie biciclette.

B. ☐ dare in prestito le vecchie biciclette.

C. ☐ creare oggetti con pezzi di vecchie biciclette.

D. ☐ rimettere a posto le vecchie biciclette.

### 5

Con la pubblicazione sulla Gazzetta ufficiale diventa una vera e propria legge, dopo due anni di discussioni in parlamento, il decreto legislativo sulla Green economy. Tra i 79 articoli presenti ci sono alcune misure di civiltà come le multe da 30 a 300 euro a chi getta in terra mozziconi di sigaretta. Diventeranno operative dal 2 febbraio. L'articolo 40 stabilisce anche che ogni Comune deve "installare nelle strade, nei parchi e nei luoghi di alta aggregazione sociale appositi raccoglitori per la raccolta dei mozziconi dei prodotti da fumo".

**La nuova legge prevede**

A. ☐ dei nuovi cestini per le sigarette.

B. ☐ l'aumento delle spese per le pulizie.

C. ☐ il divieto di fumare anche all'aperto.

D. ☐ più giardini in tutte le città.

### 6

Anche le amministrazioni si svecchiano scegliendo soluzioni innovative. Regione Lombardia, per esempio, per progettare la sua nuova campagna di promozione turistica ha lanciato «Gira #inLombardia», una selezione online destinata a raccogliere contenuti video per la promozione del territorio regionale. Appassionati e professionisti della comunicazione sono chiamati a sviluppare un'idea creativa tramite dei video di durata compresa fra i 30 e i 60 secondi, che promuovano il territorio regionale e attirino il pubblico nazionale e internazionale. I cinque video giudicati migliori saranno premiati con una somma complessiva di 15.000 euro.

**La Regione Lombardia**

A. ☐ aiuta il cinema locale.

B. ☐ apre agenzie di viaggio.

C. ☐ organizza un concorso.

D. ☐ cerca guide turistiche.

## LEGGERE

### SECONDA PARTE
(Ogni risposta corretta vale 1,4 punti. Le risposte doppie o lasciate in bianco valgono 0 punti)

- Leggi quello che dicono i personaggi qui sotto (7-10): tutti vogliono vedere un programma in televisione, ma ognuno di loro cerca un programma diverso.
- Adesso leggi le descrizioni dei programmi nella pagina successiva (B-G).
- Scegli per ogni personaggio il programma giusto, segnando la lettera corrispondente nel quadrato a destra, come nell'esempio (0-A). **Fa' attenzione:** <u>ci sono due programmi in più</u>.

**0**

«Mi piacciono i programmi in cui si vedono cuochi, di professione e non, che realizzano le loro buonissime ricette».

A

**7**

«Mi piacciono le storie di persone veramente esistite, che hanno vissuto vite interessanti e avventurose. In questo modo rivivo le loro avventure e imparo anche qualcosa del nostro passato».

**8**

«Sono appassionata di scienze e geografia: guardo la tv per imparare cose nuove sul mondo, su Paesi lontani e sugli animali».

**9**

«I film in TV mi annoiano, raramente riesco a guardarne uno dall'inizio alla fine. L'unica cosa che mi tiene sveglio sono le serie poliziesche, perché mi piace provare a indovinare chi è il colpevole!»

**10**

«Mi piacciono molto quei programmi in cui personaggi comuni gareggiano tra di loro per diventare artisti famosi».

**A**

Il momento è quasi giunto: giovedì alle 21.10 150 cuochi amatoriali si sfideranno a colpi di ricette per avere la possibilità di guadagnare un lasciapassare, sotto forma di grembiule, per la cucina più amata della tv! I giudici voleranno a Cremona dai 150 candidati alle selezioni e sceglieranno i 100 cuochi che avranno la possibilità di sottoporgli una loro ricetta originale.

**B**

Tre ore di diretta in compagnia di Sveva Sagramola e del fotografo naturalista Emanuele Biggi. Protagonista indiscussa la natura: da salvare e rispettare, ma anche da conoscere meglio nella sua ricchezza e nei suoi pericoli. Al centro del programma è la Terra con i suoi abitanti, la vita nei mari e nei boschi e quella nelle piccole e grandi città: l'intero Pianeta oggi, con le sue bellezze e i suoi problemi.

**C**

Il divertente ispettore ideato da Carlo Lucarelli è tornato sul piccolo schermo e sarà protagonista di sei nuove puntate in onda ogni venerdì per altrettante settimane sul secondo canale. Un giovane reporter, messosi nei guai per aver documentato una conversazione molto riservata tra due narcotrafficanti, viene trovato morto, ma la scheda di memoria della telecamera con la quale ha girato il video è ora nelle mani di Lola. Coliandro, rischiando grosso, cercherà di proteggere l'affascinante ragazza dai due malviventi: riuscirà a cavarsela?

**D**

Quinta Colonna è un programma di attualità condotto da Paolo del Debbio che approfondisce i temi di politica ed economia. In questa analisi il conduttore è affiancato da politici ed opinionisti, il dibattito è arricchito anche dal contributo della gente comune in studio e in collegamento dalle piazze. Questo confronto riporta i grandi temi al quotidiano e sposta l'attenzione sui problemi reali delle persone e sulle conseguenze che determinate scelte economiche e politiche hanno sulla vita di tutti noi.

**E**

Liberamente ispirata all'opera di Emile Zola *Al Paradiso delle Signore*, ma ambientata nella Milano degli anni '50, la nuova serie che debutta su Rai1 da martedì 8 dicembre, racconta la storia di un grande magazzino, un luogo magico dove i desideri diventano possibili, dove il "bello" è alla portata di tutti, dove coloro che sanno essere intraprendenti sono baciati dalla fortuna e il coraggio permette di realizzare imprese moderne e all'avanguardia.

**F**

Dopo il grande successo della scorsa stagione Antonella Clerici torna a dirigere il programma che ha visto nascere talenti di fama internazionale, con una giuria in parte rinnovata pronta a regalarci grandi emozioni: Lorella Cuccarini, Chiara e Massimiliano Pani. I giurati avranno il compito di commentare le esibizioni dei giovani talenti, che si alterneranno sulla scena nel corso dello show del sabato sera, per decretare la canzone vincitrice di questa ottava edizione.

**G**

*Lady Travellers*, "donne viaggiatrici", è una serie storico-documentaristica che ricostruisce sei imprese straordinarie condotte a cavallo tra '800 e '900, raccontate dal punto di vista femminile. Ogni episodio è dedicato a una donna diversa e alla sua incredibile impresa, e ogni impresa è dedicata a un Paese diverso. Le vicende umane delle protagoniste sono narrate in prima persona, attraverso la tecnica del teatro delle ombre e con documenti fotografici e video d'epoca.

## prova d'esame B1

### LEGGERE

#### TERZA PARTE

(Ogni risposta corretta vale 1,4 punti. Le risposte doppie o lasciate in bianco valgono 0 punti)

Completa i brani 11, 12 e 13 con una delle parti di testo elencate nella pagina successiva (B-F).

- Scegli una sola parte per ogni brano.
- Scrivi la lettera della parte che completa il brano nel quadrato a destra, come nell'esempio (**0-A**).
  **Fa' attenzione:** ci sono due parti di testo in più.

**0**

*Starbene* è la rivista più diffusa in Italia sugli argomenti della salute, del benessere e della bellezza. _____. Nel settore dell'editoria *Starbene* è forse la rivista più seria, che tratta argomenti di salute, medicina, cura del corpo eccetera, tramite professionisti nel settore.

**A**

**11**

Pensata per i visitatori che desiderano approfondire in autonomia la conoscenza della struttura, delle specie ospitate e dei progetti di ricerca e salvaguardia in cui l'Acquario di Genova è impegnato, la guida multimediale fornisce informazioni e curiosità sugli ambienti acquatici riprodotti. _____ A condurre i visitatori nell'esplorazione multimediale dell'Acquario, è un simpatico sommozzatore a cui i visitatori possono dare il proprio volto, caricando la propria fotografia sul computer.

**12**

Pochi posti sono più romantici del lago di Como e più belli di Bellagio. Conosciuto come "la Perla del Lago", Bellagio offre alberghi e ristoranti di gran classe, eleganti e caratteristici; luoghi ideali dai quali ammirare incantevoli panorami. _____ Seguite uno dei nostri percorsi alla scoperta del paese e della sua storia oppure abbandonatevi al vostro desiderio e gustate uno dei favolosi gelati locali ricchi di sapori e colori… o un caffè dall'aroma intenso ed irresistibile.

**13**

Situato al di sotto e sul lato sinistro di Piazzale Michelangelo, rivolto verso la città, il giardino offre una soluzione straordinaria per prendere una pausa tra un museo e l'altro e godere, allo stesso tempo, di una delle viste più spettacolari su Firenze. _____ Un'altra attrattiva sono le 12 graziose sculture dell'architetto belga Jean-Michel Folon, donate dalla sua vedova ed inserite all'interno dell'area verde nel 2011.

**A.** È diretta da Cristina Merlino ed ha un diffusione di circa 350.000 copie al mese.

**B.** Nella zona più antica del paese si trovano vecchie abitazioni, misteriosi vicoli e caratteristiche scalinate sulle quali si affacciano variopinti negozi con prodotti di ottima qualità.

**C.** Al suo interno sono presenti una vasca con acqua termale alla temperatura di 37-38 °C, ed un ambiente con temperatura di circa 40 °C ed umidità intorno al 50% dove viene praticata la "Sauna Romana".

**D.** Le escursioni sono pensate per farvi vivere una particolare esperienza di profondo contatto e armonia con il mondo naturale, senza trascurare gli interessanti racconti di vita dei pastori, dei contadini, degli artigiani, che con le loro affascinanti storie vi mostreranno i loro mestieri e la saggezza della Natura.

**E.** Il periodo migliore per le visite va da maggio a giugno, quando le oltre 350 varietà di rose sono in fiore, ma vi sono molte altre piante, tra le quali alberi di limoni e un giardino giapponese, che rendono la visita gradevole e piacevole in tutto l'arco dell'anno.

**F.** Attraverso un computer, i visitatori possono consultare fotografie, schede biologiche e interviste allo staff di esperti della struttura per approfondire i temi della cura e del benessere degli animali attraverso il racconto di chi si occupa di loro quotidianamente.

# LEGGERE

## QUARTA PARTE

(Ogni risposta corretta vale 1,4 punti. Le risposte doppie o lasciate in bianco valgono 0 punti)

**ISTRUZIONI**
- Leggi i testi nella tabella (14-18): ogni testo è tratto da un articolo di cronaca.
- Adesso leggi gli otto titoli dell'elenco nella pagina successiva (B-I).
- Scegli per ogni testo il titolo giusto, segnando la lettera corrispondente nel quadrato a destra, come nell'esempio (0-A). **Fa' attenzione:** ci sono tre titoli in più.

**0**
Continua a crescere il traffico di viaggiatori provenienti dall'estero che atterrano negli scali pugliesi: nei primi tre mesi del 2015, al Karol Wojtyla, sono aumentati del 25,7%.  **A**

**14**
Erano le 9.00, orario di apertura del negozio, quando due uomini hanno sorpreso alle spalle il titolare, lo hanno obbligato ad aprire la cassaforte e sono scappati con il contenuto. Quando è scattato l'allarme, immediato è stato l'invio di pattuglie della Polizia.

**15**
Proposta dell'orario allungato il giovedì, biglietto di ingresso da 10 euro che consente di avere gratuitamente la tessera "Amici di Brera" per entrare gratis tre mesi, nuovo allestimento, didascalie scritte da artisti, nuove divise Trussardi per il personale, illuminazione diversa, il cortile trasformato in "cortile delle arti", con panchine e cestini e dove saranno organizzati eventi: sono queste alcune delle novità che aspettano la galleria milanese.

**16**
Il trasporto pubblico cittadino ha segnato l'ennesima giornata nera, toccando un nuovo record: guasti, rallentamenti e disagi nella stessa mattinata per tutte le linee della metropolitana. La prima linea ad andare in tilt è stata la C, dove un guasto tecnico ha provocato l'interruzione del servizio poco prima delle sette. Nelle stesse ore un altro inconveniente tecnico alla fermata Tiburtina ha causato pesanti rallentamenti alla circolazione dei treni sulla tratta B1.

**17**
In tre sono stati fermati nella zona industriale di regione Moglia dai carabinieri della stazione di La Morra. I militari, insospettiti dall'odore di benzina e da alcune macchie sul tappetino della loro automobile, hanno approfondito il controllo. Trovando, a poca distanza dall'auto dei tre, una tanica dotata di un pezzo di gomma, con la quale avevano rubato il carburante da un furgone parcheggiato nelle vicinanze.

**18**

È stato presentato il nuovo piano strategico per i prossimi 5 anni e oltre alle proposte di trasformazione del gruppo è stato annunciato che a partire da questo anno si prevedono 8.000 assunzioni. Per i dipendenti sono, inoltre, previsti investimenti nella formazione manageriale e specialistica. Una buona notizia per i ragazzi e ragazze disoccupati è che la metà delle nuove posizioni sarà riservata a giovani laureati.

**A.** Aeroporti di Bari e Brindisi: aumentano i turisti stranieri

**B.** Allarme smog: tra 15 anni l'aria sarà irrespirabile

**C.** Arrestati i ladri di gasolio

**D.** Auto parcheggiate troppo vicino ai binari: tram 5 bloccato per ore

**E.** Ecco il piano del nuovo direttore per rilanciare il museo

**F.** *Poste italiane:* in arrivo nuovi posti di lavoro

**G.** Rapina alla gioielleria di circonvallazione Trionfale

**H.** Roma: ancora problemi per i viaggiatori

**I.** Squadre antidegrado per raccolta rifiuti: 60 posti per disoccupati

prova d'esame B1

## Ascoltare 1 (Item 1-5)

|   | A | B | C |
|---|---|---|---|
| 1 | ○ | ○ | ○ |
| 2 | ○ | ○ | ○ |
| 3 | ○ | ○ | ○ |
| 4 | ○ | ○ | ○ |
| 5 | ○ | ○ | ○ |

## Ascoltare 2 (Item 6-9)

|   | A | B | C |
|---|---|---|---|
| 6 | ○ | ○ | ○ |
| 7 | ○ | ○ | ○ |
| 8 | ○ | ○ | ○ |
| 9 | ○ | ○ | ○ |

## Ascoltare 3 (Item 10-15)

|    | A | B | C | D | E | F | G | H |
|----|---|---|---|---|---|---|---|---|
| 10 | ○ | ○ | ○ | ○ | ○ | ○ | ○ | ○ |
| 11 | ○ | ○ | ○ | ○ | ○ | ○ | ○ | ○ |
| 12 | ○ | ○ | ○ | ○ | ○ | ○ | ○ | ○ |
| 13 | ○ | ○ | ○ | ○ | ○ | ○ | ○ | ○ |
| 14 | ○ | ○ | ○ | ○ | ○ | ○ | ○ | ○ |
| 15 | ○ | ○ | ○ | ○ | ○ | ○ | ○ | ○ |

## Ascoltare 4 (Item 16-20)

|    | A | B | C |
|----|---|---|---|
| 16 | ○ | ○ | ○ |
| 17 | ○ | ○ | ○ |
| 18 | ○ | ○ | ○ |
| 19 | ○ | ○ | ○ |
| 20 | ○ | ○ | ○ |

## Leggere 1 (Item 1-6)

|   | A | B | C | D |
|---|---|---|---|---|
| 1 | ○ | ○ | ○ | ○ |
| 2 | ○ | ○ | ○ | ○ |
| 3 | ○ | ○ | ○ | ○ |
| 4 | ○ | ○ | ○ | ○ |
| 5 | ○ | ○ | ○ | ○ |
| 6 | ○ | ○ | ○ | ○ |

## Leggere 2 (Item 7-10)

|    | B | C | D | E | F | G |
|----|---|---|---|---|---|---|
| 7  | ○ | ○ | ○ | ○ | ○ | ○ |
| 8  | ○ | ○ | ○ | ○ | ○ | ○ |
| 9  | ○ | ○ | ○ | ○ | ○ | ○ |
| 10 | ○ | ○ | ○ | ○ | ○ | ○ |

## Leggere 3 (Item 11-13)

|    | A | B | C | D |
|----|---|---|---|---|
| 11 | ○ | ○ | ○ | ○ |
| 12 | ○ | ○ | ○ | ○ |
| 13 | ○ | ○ | ○ | ○ |

## Leggere 4 (Item 14-18)

|    | B | C | D | E | F | G | H | I |
|----|---|---|---|---|---|---|---|---|
| 14 | ○ | ○ | ○ | ○ | ○ | ○ | ○ | ○ |
| 15 | ○ | ○ | ○ | ○ | ○ | ○ | ○ | ○ |
| 16 | ○ | ○ | ○ | ○ | ○ | ○ | ○ | ○ |
| 17 | ○ | ○ | ○ | ○ | ○ | ○ | ○ | ○ |
| 18 | ○ | ○ | ○ | ○ | ○ | ○ | ○ | ○ |

# SCRIVERE

Istruzioni per lo svolgimento della prova
(le istruzioni che seguono devono essere spiegate ai candidati anche nella loro madrelingua o in una lingua veicolare a loro accessibile)

La prova Scrivere dura <u>in tutto</u> 60 minuti.

**Non è consentito l'uso di fogli di brutta copia**: si possono prendere appunti solo sul fascicolo d'esame.

È vietato usare il bianchetto; il fascicolo della prova Scrivere dovrà essere compilato con una penna a inchiostro non cancellabile blu o nero. <u>**I fascicoli riempiti a matita, con la penna cancellabile o corretti con il bianchetto saranno annullati.**</u>

Gli apparecchi elettronici devono restare spenti per tutta la durata dell'esame. Durante la prova è vietato utilizzare apparecchi elettronici come smartphone, tablet, lettori ebook o computer. Le prove di coloro che verranno sorpresi con apparecchi elettronici accesi saranno annullate.

Non è possibile utilizzare testi di alcun tipo. Le prove Scrivere su cui saranno riscontrati inserti anche minimi provenienti da altri testi di cui sia possibile rintracciare la fonte saranno annullate.

Saranno annullate tutte le prove Scrivere che risulteranno del tutto o in parte uguali tra loro.

La prova Scrivere è composta da due parti ed è considerata valida solo se tutte e due le parti vengono svolte. Le prove di cui verrà svolta una sola parte saranno annullate.

Ogni parte della prova Scrivere prevede un numero minimo di parole (riportato nelle istruzioni). Saranno annullate tutte le prove che non raggiungeranno in ogni parte il numero minimo indicato.

Non è possibile usare alcun tipo di materiale didattico o personale di ausilio alle prove (appunti, dizionari, libri, ecc.). Le prove di coloro che verranno sorpresi con uno qualsiasi di questi materiali saranno annullate.

## prova d'esame B1

**PRIMA PARTE** (minimo 110 - massimo 150 parole)

Su un social network hai letto questo post:

> Ieri sera ho fatto una cena con i miei vecchi compagni di scuola. Non ci vedevamo da vent'anni. Prima di vederli li immaginavo uguali a quando andavamo al liceo. Poi, quando li ho visti, sono rimasta sorpresa: come sono cambiati!
>
> A voi è mai capitato di vedere dopo tanto tempo vecchi compagni di scuola, amici o colleghi? Com'erano prima? Come sono diventati? Che reazione avete avuto?

Rispondi al post:

- racconta una tua esperienza simile (una cena, un incontro, ecc.);
- spiega quali cambiamenti hai notato nei tuoi compagni o nei tuoi amici;
- descrivi come ti sei comportato in quell'occasione.

(Scrivi tra 110 e 150 parole: il conteggio comprenderà anche gli articoli, le preposizioni o le congiunzioni formati da una sola lettera. I testi che hanno in totale meno di 110 parole saranno annullati)

**SECONDA PARTE** (minimo 70 - massimo 100 parole)

Il giardino del tuo quartiere è in questo stato:

Scrivi una e-mail al Sindaco:

• descrivi le condizioni del giardino;
• racconta un problema che tu o la tua famiglia avete avuto lì;
• da' qualche suggerimento per tenerlo meglio.

(Scrivi tra 70 e 100 parole: il conteggio comprenderà anche gli articoli, le preposizioni o le congiunzioni formati da una sola lettera. I testi che hanno in totale meno di 70 parole saranno annullati)

# Parlare

## PRIMA PARTE

### INTERAZIONE TRA CANDIDATI

Un vostro amico vi ha mandato quest'email:

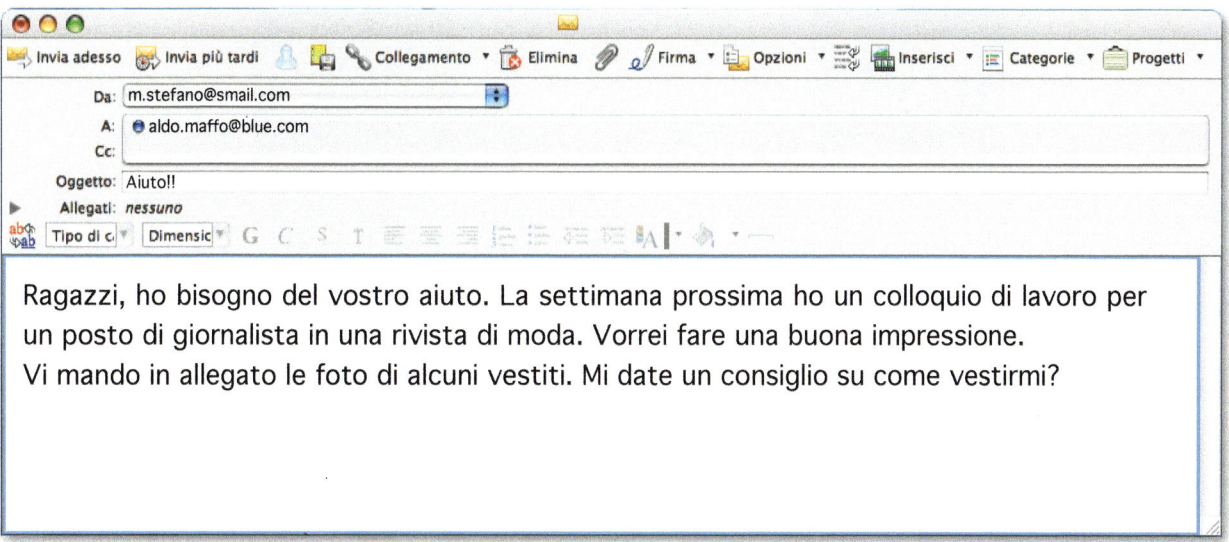

Parlate tra di voi guardando le foto (allegato A):

- descrivete le quattro proposte;
- dite che cosa vi piace e che cosa non vi piace per ogni proposta;
- decidete insieme cosa consigliare al vostro amico.

### INTERAZIONE CON L'INTERVISTATORE

Un tuo amico (l'intervistatore) vorrebbe fare il tuo stesso lavoro (o seguire il tuo stesso corso di studi). Parla con lui e:

- spiega in che cosa consiste esattamente il tuo lavoro (o il tuo corso di studi);
- digli quali caratteristiche deve avere una persona che vuole fare il tuo lavoro (o il tuo corso di studi);
- dagli dei consigli su come iniziare la tua carriera (o i tuoi studi).

allegato A – INTERAZIONE TRA CANDIDATI

# PARLARE

## SECONDA PARTE - MONOLOGO

### MONOLOGO 1

Guarda le due immagini e leggi i due testi.

La Polizia di Stoccolma ha deciso di mettere lungo i marciapiedi segnali stradali di pericolo per avvertire i cittadini dei rischi legati all'uso degli smartphone mentre si cammina.

Negli USA hanno presentato un disegno di legge per punire chi cammina in strada guardando lo smartphone. La proposta di legge prevede multe in denaro e, nei casi più gravi, fino a 15 giorni di prigione.

Adesso prepara il tuo discorso. Nei 3 minuti del monologo dovrai:

- riportare brevemente le due notizie;
- dire quale delle due iniziative ti sembra migliore e perché;
- raccontare come ti comporti tu quando sei per strada;
- raccontare quali comportamenti degli altri ti danno fastidio;
- rispondere alla domanda dell'intervistatore.

Puoi prendere appunti e tenerli davanti a te mentre parli.

Alla fine dei 3 minuti di preparazione <u>restituisci questo foglio all'intervistatore</u>.

Quando avrai completato il tuo monologo, per concludere la prova dovrai rispondere a una domanda dell'intervistatore. La domanda sarà sempre sull'argomento del monologo, ma riguarderà aspetti diversi da quelli previsti dalla scaletta qui sopra.

Alla fine della prova <u>consegna i tuoi appunti all'intervistatore</u>.

## MONOLOGO 2

Guarda l'immagine e leggi il testo.

A proposito di litigi tra vicini, racconta l'avvocato Luigi Salciarini: «Una volta ho conosciuto una persona che aveva fatto una lista dei rumori del vicino, segnando tutto quello che sentiva. Alle 13 la lavatrice, alle 13,05 la porta che sbatte, ecc. E poi a fine giornata andava dal vicino e protestava. Normalmente i motivi che fanno litigare i vicini sono i rumori, gli odori e le spese».

Adesso prepara il tuo discorso. Nei 3 minuti del monologo dovrai:

- riportare brevemente la notizia;
- raccontare la tua esperienza su questo argomento;
- spiegare quali comportamenti consideri accettabili e quali invece no;
- rispondere alla domanda dell'intervistatore.

Puoi prendere appunti e tenerli davanti a te mentre parli.

Alla fine dei 3 minuti di preparazione, <u>restituisci questo foglio all'intervistatore</u>.

Quando avrai completato il tuo monologo, per concludere la prova dovrai rispondere a una domanda dell'intervistatore. La domanda sarà sempre sull'argomento del monologo, ma riguarderà aspetti diversi da quelli previsti dalla scaletta qui sopra.

Alla fine della prova <u>consegna i tuoi appunti all'intervistatore</u>.

## MONOLOGO 3

Guarda l'immagine e leggi il testo.

Lavorare a maglia, dipingere, fotografare, fare teatro. Spesso queste attività ci sembrano perdite di tempo inutili. Ma secondo una ricerca, le attività creative che facciamo fuori dal lavoro fanno avere risultati professionali migliori. Un professore americano ha osservato le abitudini di 341 persone con lavori e hobby diversi e ha scoperto che i loro hobby le aiutano a lavorare meglio. Per esempio, chi ha un hobby creativo è più bravo ad affrontare e a risolvere i problemi sul lavoro.

Adesso prepara il tuo discorso. Nei 3 minuti del monologo dovrai:

- riportare brevemente la notizia;
- raccontare qual è il tuo hobby, come lo hai scoperto e quando lo fai;
- dire se il tuo hobby ti aiuta anche nel lavoro e in che modo;
- rispondere alla domanda dell'intervistatore.

Puoi prendere appunti e tenerli davanti a te mentre parli.

Alla fine dei 3 minuti di preparazione, **restituisci questo foglio all'intervistatore**.

Quando avrai completato il tuo monologo, per concludere la prova dovrai rispondere a una domanda dell'intervistatore. La domanda sarà sempre sull'argomento del monologo, ma riguarderà aspetti diversi da quelli previsti dalla scaletta qui sopra.

Alla fine della prova **consegna i tuoi appunti all'intervistatore**.

## Trascrizione dei testi degli esercizi ASCOLTARE

### PRIMA PARTE

#### UNO

F: Pronto, zio?
M: Gabriella, ciao! Ho saputo che domani ti laurei.
F: Sì, domani è il grande giorno, finalmente!
M: Dimmi... come stai? Ti senti pronta?
F: Ho molta ansia ma sì dai, tutto sommato mi sento pronta. Non vedo l'ora di finire e di farmi una bella vacanza, anche perché subito dopo dovrò ricominciare a studiare per il concorso che dovrebbe esserci a dicembre.
M: Il concorso? Ma non volevi provare a fare dei colloqui per entrare in banca?
F: Ho cambiato idea. Penso che il lavoro d'ufficio non sia adatto a me e visto che stanno per fare un concorso per l'insegnamento, ho deciso di partecipare. Con la mia laurea posso insegnare materie economiche alle superiori, mi piacerebbe molto.
M: Comunque ricordati che la mia proposta è sempre valida!
F: Lo so, zio, lo so. Ma non sono proprio la persona adatta per lavorare in un negozio. Combinerei un disastro!

#### DUE

M: Sabrina, ti chiedo di essere sincera: tu non mi trovi un po' ingrassato?
F: Ingrassato? Tu? Sinceramente no, mi sembra di vederti come al solito...
M: Eh, queste feste... ho mangiato davvero troppo! Secondo me ho preso almeno tre chili.
F: Ma no, è una tua sensazione.
M: Dici?
F: Ma scusa! Cogli l'occasione e comincia a fare un po' di movimento. Che ne so? Una corsetta un paio di volte a settimana per esempio.
M: Con questo freddo?
F: Be', allora...
M: E se venissi in piscina con te? Che ne dici? Tu ci vai ancora?
F: Sì, il lunedì e il mercoledì, dalle 7 alle 8. Il venerdì, invece, vado in palestra, faccio un'oretta e mezza di pesi.
M: La palestra l'ho provata ma mi annoio. Vada per la piscina. Magari più tardi provo a sentire se c'è posto nei turni di cui parlavi.

#### TRE

M: Ciao Catia, ma che fine hai fatto?
F: Lasciamo perdere, ho rotto il cellulare e sono stata due giorni senza poter comunicare con nessuno.
M: Ma come è successo?
F: Stavo chiudendo la macchina, avevo la spesa in una mano e nell'altra tenevo le chiavi e il telefono e... niente, mi è caduto a terra e si è rotto il vetro!
M: Accidenti, mi dispiace.
F: Eh, anche a me. Ho perso tutti i numeri di telefono e non immagini nemmeno che cosa ho dovuto fare per recuperare tutti i dati!
M: No, ti capisco. Anche a me è successo l'anno scorso.

#### QUATTRO

M: Sara e Piero ci hanno invitato a cena domani sera. Andiamo?
F: Ma non dovevamo andare al cinema? È un mese che rimandiamo!
M: Be', potremmo proporgli di fare entrambe le cose...
F: Ma figurati! Lo conosci Piero... se si mette a cucinare lui, non smette più! Non ci alzeremo tanto presto da tavola.
M: Perché non li chiami e gli dici che abbiamo già i biglietti per il cinema? Se vogliono unirsi a noi, possiamo mangiare una pizza insieme prima o dopo lo spettacolo.
F: Ma no, guarda, non mi va di fare le cose di corsa. Passiamo una bella serata con loro e... vorrà dire che il nostro film dovrà aspettare ancora un po'!
M: Va bene, allora adesso li chiamo.

#### CINQUE

M: Allora, Marta, sei riuscita a rinnovare la carta d'identità?
F: No, magari. Ieri ho provato ad andare nell'ufficio

del Comune, mi sono anche presa due ore di permesso...
M: E non hai risolto?
F: Eh no, perché quando sono arrivata là ho scoperto che era chiuso!
M: Chiuso? La mattina di un giorno lavorativo? E come mai?
F: C'era un comunicato, diceva che, a causa delle pessime condizioni del palazzo in cui si trovano gli uffici, i dipendenti avevano deciso di sospendere le attività in segno di protesta. E infatti c'era un gruppo di manifestanti proprio davanti all'entrata del palazzo.
M: Ma pensa te... e il palazzo in che condizioni è?
F: Mah, è un palazzo un po' vecchio e, a quanto pare, la settimana scorsa c'è stato un guasto alle tubature e alcune stanze si sono allagate.

## SEI

M: Sei agitata?
F: Un po'.
M: Tranquilla, ora fai il riconoscimento dal giudice sportivo e poi una volta in pista vedrai che l'agitazione passerà e troverai la concentrazione. Ecco hanno chiamato il tuo numero, tocca a te! Prendi il documento.
F: Quale documento?
M: Come quale documento, Sandra? La carta di identità, no? Devi presentarla per iscriverti alla gara!
F: Uh, è vero! Aspetta che la prendo... deve essere qui nel portafoglio. Accidenti, non la trovo! Devo averla lasciata da qualche parte. Ieri sono andata dal medico per il controllo al ginocchio, magari l'ho lasciata lì.
M: È un problema, allora. Senza documento non puoi gareggiare! Andiamo a chiedere.

## SETTE

F: Ci vediamo sabato allora?
M: No, sabato ho da fare con mio fratello nella casa dei miei genitori al mare. Stanno facendo dei lavori di ristrutturazione e hanno detto che, se li aiutiamo, a capodanno ci danno il permesso di organizzare lì una festa con tutti gli amici.
F: E di che lavori si tratta?
M: Mah, sai, le solite cose: pitturare le pareti, verniciare la ringhiera del balcone, sistemare un po' il tetto, cambiare qualche rubinetto vecchio...
F: Ma se vengo a darvi una mano, poi mi invitate alla festa?
M: Sempre la solita!

## OTTO

F: Ehi, Tommaso, che hai fatto? Hai una faccia...
M: Lascia perdere, me la sono cercata io... torno ora dalla casa del vicino di fronte, il vecchietto con i baffi che abita al 63, hai presente?
F: Sì, ho capito chi è.
M: Questa mattina mentre uscivo mi ha fermato e mi ha chiesto se potevo fargli un favore, io andavo di corsa e per sbrigarmi gli ho detto di sì e che nel pomeriggio di ritorno dal lavoro sarei andato ad aiutarlo, nemmeno gli ho chiesto di che cosa si trattava: pensavo che avrei dovuto fargli la spesa o annaffiargli le piante o portare fuori il cane... e invece mi ha chiesto di portargli su a casa tre bombole del gas... ho fatto su e giù per le scale per tre volte con quel peso sulla schiena... una faticaccia!
F: Ahahah! Vabbe' dai, per oggi allora puoi saltare la palestra!

## NOVE

F: Mario, ma tu la tessera della metro l'hai rinnovata?
M: Guarda, stamattina sono andato dal tabaccaio ma era ancora chiuso.
F: E quindi?
M: Sono arrivato fino all'edicola, la signora mi ha fatto la ricarica, ho ripreso la tessera, ma poi... vuoi ridere? Non sono riuscito a pagare con il bancomat, perché il terminale non funzionava.
F: E come hai fatto?
M: Non avevo abbastanza soldi con me. Non puoi immaginare che vergogna! Per fortuna la signora mi conosce, ha capito la situazione e mi ha detto che non c'era problema, glieli posso portare domani mattina.

## DIECI

M: Ma che cosa è successo?
F: Eh, li vede quelli laggiù? Quelli che parlano con il poliziotto?

M: Sì.
F: Si sono scontrati.
M: Oh! E si è fatto male qualcuno?
F: No, per fortuna no...
M: Meno male... Ma come è successo?
F: Non lo so, io sono arrivata dopo. Di sicuro andavano troppo veloci.
M: Sì, in questo punto andare a sbattere è facilissimo. Bisogna stare attenti!

## SECONDA PARTE

### UNO

F: Buongiorno.
M: Buongiorno signora, mi dica.
F: Ho comprato da voi questo telefonino tempo fa, è ancora in garanzia, ma... oggi si è spento all'improvviso e non si accende più.
M: Mi faccia vedere... proviamo a cambiare la batteria, ok?
F: Faccia pure...
M: Niente... neanche con un'altra batteria funziona. Guardi, evidentemente c'è un guasto. Bisogna ripararlo.
F: Lo riparate qui da voi?
M: Noi non siamo un centro autorizzato. Le do il numero di un centro autorizzato, provi a contattare loro.
F: Ok, grazie. Speriamo che sia una cosa veloce.
M: Non glielo so dire. L'unica cosa che può fare qui da noi è comprarne uno nuovo.

### DUE

F: Pronto, Giuseppe? Sono Francesca.
M: Ciao, dimmi.
F: Senti, ti volevo dire che c'è stato un cambio di programma e non ce la faccio ad arrivare da te in mattinata... arrivo in serata. Ci sono problemi?
M: A che ora arrivi più o meno? Io sono al lavoro domani pomeriggio...
F: Uhm, dunque... parto da Roma alle 17 e dovrei arrivare a Bari verso le 21.
M: Guarda, io ho il turno dalle 14 alle 22... ecco perché ti avevo detto di partire di mattina.
F: Scusa davvero, mi dispiace, ma purtroppo ho avuto un contrattempo. Come possiamo fare?
M: Allora, guarda, provo a chiedere a un mio amico di venirti a prendere in stazione e di portarti le chiavi. Se lui fosse impegnato mi sa che mi devi aspettare al bar sotto casa. Si chiama "Bar degli sportivi".
F: Ho capito.
M: Sennò sai che facciamo? Lascio le chiavi alla mia vicina, quella del portone accanto. Quando arrivi bussi a lei e te le fai dare.
F: Ah, così è perfetto, grazie.

### TRE

F: Servizio clienti Teleweb, sono Sabrina. Come posso esserle utile?
M: Salve, da questa mattina non ho la connessione Internet su questo numero...
F: Controllo subito... Lei è il signor?
M: Luigi Neri.
F: Dunque, signor Luigi, a me risulta che il suo credito è terminato e quindi può solo ricevere chiamate e SMS, ma non può navigare.
M: Sì, lo so che è terminato, ieri sera ho fatto una chiamata internazionale, ma per Internet ho l'opzione "Naviga 20 giga" e ho ancora a disposizione più di 7 giga...
F: Ecco... purtroppo le opzioni Internet sono collegate al credito, per navigare è necessario che nella sua scheda ci siano almeno 15 centesimi di credito residuo.
M: Ho capito... questo è un bel problema... adesso non posso muovermi di casa per andare in una tabaccheria. Di solito sono abituato a ricaricare online, ma... se non ho la connessione, come faccio?
F: Guardi, può effettuarne una di emergenza mandando un SMS gratuito al 414. Le accrediteremo 3€, che poi le verranno addebitate sulla prossima ricarica.
M: Bene, spero che funzioni... grazie mille!

### QUATTRO

F: Sandro, vieni a darmi una mano per favore?
M: Ma proprio ora, mamma? Sono nel bel mezzo della finale della coppa del mondo di calcio...
F: Ah, sempre con quel videogioco! Su, su, finirai dopo. Papà mi ha appena detto che porterà dei suoi

colleghi di lavoro qui a cena; io devo andare a fare la spesa e poi cucinare. Ho bisogno di te per sistemare la tavola: prendi bicchieri, piatti e stoviglie del servizio che si trova nella credenza in salotto; metti la tovaglia e i tovaglioli che mi ha regalato la nonna lo scorso Natale, sono sempre nella credenza, nel cassetto però... è tardissimo, devo andare... mi raccomando fa' attenzione a non rompere niente.
M: Va bene...

## CINQUE

F: Carlo, ho visto la ricerca di geografia che dobbiamo consegnare domani.
M: Che te ne pare?
F: Buona. È venuta bene, secondo me; i testi vanno bene, i grafici sono molto carini così tutti colorati, le cartine però sono un po' sfocate... non si vedono bene.
M: Sì, lo so, ma non ho trovato nessuna immagine con una buona risoluzione.
F: Scusa eh, ma avevi detto che nel caso le avresti fatte a mano.
M: Non ho avuto tempo.
F: Carlo, però il compito di fare le cartine l'avevi preso tu proprio perché sei bravo a disegnare, quindi prenditi le tue responsabilità e falle.
M: D'accordo, d'accordo. Mi metto subito al lavoro... Ah, ci passerò tutta la notte!

## SEI

F: Papà, ciao sono Anna.
M: Ciao Anna, che succede?
F: A casa i termosifoni non funzionano e si gela! Non so più come fare! Ci sono anche le mie compagne di scuola qui per fare la ricerca di storia... stiamo con il cappotto addosso, tanto fa freddo!
M: Accidenti! Ma per caso è saltata la corrente elettrica?
F: Sì, poco fa, mentre studiavamo, è andata via la luce, ma è tornata in pochi secondi... lì per lì ho pensato che si fosse fulminata la lampadina della lampada della scrivania...
M: Allora la caldaia deve essere andata di nuovo in blocco. Senti, fai così: esci fuori in terrazza, apri lo sportellino della caldaia; in alto a destra c'è un pulsante rosso, tienilo premuto per 30 secondi, in questo modo la caldaia si resetta e riparte da sola. Hai capito?
F: Sì papà, ora ci provo.
M: Quando hai fatto richiamami e fammi sapere se hai risolto. Se il problema continua, bisogna chiamare l'idraulico.

## SETTE

M: Sara, scusa, posso chiederti un favore?
F: Certo, di cosa hai bisogno?
M: Domani mi scade un prestito della biblioteca, ma non posso andare a restituire il libro, perché ho l'esame di diritto privato.
F: Ah! Finalmente è arrivato il grande giorno! Sai come si dice, no? Diritto privato mezzo avvocato... be' ma mica durerà tutto il giorno l'esame, la biblioteca è aperta fino alle 19. Quando hai finito, passi a lasciare il libro.
M: Purtroppo in questo momento la biblioteca fa orario ridotto fino alle due, a quanto ho capito stanno risistemando l'archivio; l'esame inizia alle 11, siamo in 30 persone e io sono tra gli ultimi, non farò mai in tempo per l'orario di chiusura della biblioteca. Mi chiedevo se potessi andarci tu al posto mio.
F: Guarda Lorenzo, mi dispiace, ma domani proprio non posso! Però secondo me puoi scrivere un'email alla direzione della biblioteca per spiegare il contrattempo, impegnandoti a consegnare il libro dopodomani. Dai, in fondo un giorno di ritardo non è la fine del mondo!
M: Ok, provo a fare come dici tu. Grazie lo stesso.

## OTTO

F: Senta, scusi.
M: Mi dica.
F: Ho comprato questi pantaloni ieri ma sono troppo stretti. Posso cambiarli?
M: Sì, certo. Verifichiamo subito se c'è la taglia che desidera.
F: È una 46, grazie.
M: Mi dispiace ma la 46 è terminata. Abbiamo una 48, se vuole provarla comunque.
F: Mah, non saprei...

M: Altrimenti nella stessa fantasia ho la gonna taglia 46. Vuole vederla?
F: Sì, l'ho già vista, è molto bella ma mi serviva qualcosa di pratico per tutti i giorni.
M: Oppure possiamo farle un buono che potrà utilizzare qui da noi per comprare qualcosa dello stesso prezzo. Ha un anno di tempo.
F: Mmh... mi sembra un po' complicato. Guardi, lasciamo perdere i pantaloni, mi dia questa 46 che la provo.

### TERZA PARTE – primo esercizio

### ZERO
F: Qualche anno fa, quando è nato il mio secondo figlio, ho cominciato ad avere un po' di problemi a conciliare lavoro e vita familiare. Poi ho saputo per caso che la Regione Veneto, dove abito, aveva iniziato un progetto per la creazione di asili nido privati e davano un contributo economico ai genitori che volevano aprirne uno nelle loro abitazioni. Quest'idea mi è piaciuta subito, ho fatto domanda e nel frattempo ho cominciato a frequentare un corso per diventare formatore della prima infanzia. Dopo un anno ho ottenuto i permessi per aprire il mio nido e ora sono una maestra e una mamma felicissima!

### UNO
M: Ho cominciato per caso. Ero iscritto all'università, e un mio amico mi propose di iscrivermi a un corso di montaggio. Io non ne sapevo niente, ma il corso era gratuito, avevo del tempo libero e gli dissi di sì. Ho iniziato a lavorare quasi subito: mi chiamavano per montare documentari, pubblicità, una volta anche un video musicale. Poi ho accettato di fare l'assistente alla regia per una grande produzione straniera che girava in città. È stata la mia prima volta dietro alla macchina da presa. Ed eccomi qui: la prossima settimana presento a un concorso il primo vero lavoro diretto da me. Chissà se alla gente piacerà...

### DUE
M: Dopo l'infortunio al ginocchio ho dovuto smettere di giocare. Però la mia società dell'epoca mi stimava, e mi proposero di seguire la preparazione dei portieri. All'inizio era strano: ero sempre in squadra, ma adesso ero io a dire agli altri che cosa fare. Poi però ho scoperto che quel lavoro mi piaceva. A vent'anni è arrivato il primo contratto con una società che partecipava al campionato dilettanti: i ragazzi erano bravi e mi seguivano. Quell'anno abbiamo vinto il campionato senza neanche una sconfitta. Ancora me lo sogno la notte: un'esperienza bellissima.

### TRE
F: Sono sempre stata una persona distratta: nel mio primo progetto dovevo disegnare una palazzina per un quartiere residenziale. Bene, faccio tutto con cura, prendo le misure, mi studio progetti di edifici già costruiti, passo le notti a fare i disegni... poi lo porto al professore, e lì mi accorgo che mi ero dimenticata di disegnare le porte d'ingresso! Che figuraccia! Poi però il mestiere l'ho imparato bene. Adesso ho un piccolo studio con altri due colleghi e stiamo lavorando a un progetto importante: la costruzione di un centro commerciale appena fuori Firenze.

### QUATTRO
M: Se penso che quando ero piccolo svenivo tutte le volte che a qualcuno sanguinava il naso, ancora mi viene da ridere. Mio padre voleva che diventassi avvocato come lui, e io mi ero quasi convinto a farlo, ma poi sono partito per il servizio civile e sono finito a bordo di un'ambulanza. Io guidavo, e con me c'era il personale sanitario. Mi sono appassionato guardando loro: vederli intervenire con la gente che stava male, salvare vite, mi ha fatto capire che volevo essere come loro. Adesso ho quasi finito la specializzazione e sto cominciando il tirocinio in ortopedia. Aggiusto ossa, insomma, ed è un lavoro che mi piace da morire.

### CINQUE
M: Mi chiamano a tutte le ore: appena hanno un problema, alzano il telefono e mi chiamano. È un inferno: "Non si sente la musica! Non riesco a connettermi! Lo schermo si è rotto!". Quasi sempre, poi, il problema è che loro hanno fatto qualcosa di sbagliato. Una volta

mi chiamò il padre di una mia amica: il suo portatile si era spento e non ripartiva. Sono andato lì e ho visto che aveva installato tutta una serie di programmi non sicuri e quindi aveva il disco pieno di virus. Gli ho spiegato che non deve scaricare programmi che non conosce o messaggi di posta elettronica che arrivano da mittenti strani. Macché. Mi ha richiamato due giorni dopo per lo stesso problema. E da allora, praticamente, mi telefona almeno due volte al mese.

### SEI

**M:** Ho cominciato a lavorare subito dopo il diploma come apprendista in un'officina. Dal punto di vista contrattuale non era una situazione ideale perché, essendo giovane e alla prima esperienza lavorativa, mi pagavano veramente poco però almeno ho imparato il mestiere. Tra l'altro era un'officina molto grande, convenzionata con diverse case automobilistiche: ho fatto esperienza con modelli di tutti tipi e sono diventato un esperto nella riparazione di auto straniere di grossa cilindrata. Ora ho un garage tutto mio e ho assunto a mia volta degli apprendisti a cui spero di tramandare l'esperienza che ho accumulato in tutti questi anni.

## ■ TERZA PARTE – secondo esercizio

### ZERO

**M:** L'anno scorso ho partecipato a un concorso: bisognava girare un breve film con il cellulare sul tema delle vacanze. Sono arrivato primo e il premio era un viaggio per due persone a Barcellona, una settimana tutto pagato. Una fortuna così non mi era mai capitata!

### UNO

**F:** Viviamo a Milano e siamo sempre in mezzo al traffico. Quest'anno volevamo fare una vacanza tranquilla. Così abbiamo preso in affitto una casa in campagna in Umbria. La cosa più bella è stata che non abbiamo usato la macchina praticamente mai, se non per andare a fare la spesa. Tutti i pomeriggi facevamo lunghe passeggiate sulle colline intorno alla casa, fino ai paesi vicini. La sera tornavamo a casa un po' stanchi ma completamente rilassati.

### DUE

**M:** Il viaggio più bello l'ho fatto a 18 anni, dopo l'esame di maturità, con la mia migliore amica del liceo. Avevamo comprato un biglietto speciale, molto economico, per giovani al di sotto di 26 anni con cui potevamo prendere tutti i treni che volevamo all'interno dell'Europa. Abbiamo visitato quasi tutte le capitali europee, le più importanti. Spesso il treno lo prendevamo di notte e usavamo i sedili come letti, così risparmiavamo sull'albergo.

### TRE

**F:** Prima di quest'estate non sapevo nemmeno come si tiene in mano una macchina fotografica. Quest'estate però ho conosciuto un fotografo professionista che mi ha fatto provare a fare delle foto e mi ha insegnato un po' di tecnica. Be', mi sono appassionata e appena tornata in città mi sono iscritta a un corso.

### QUATTRO

**M:** Dopo la laurea ho deciso di spendere tutti i soldi che avevo risparmiato e sono andato sei mesi in India. Ho scoperto tante cose nuove e interessanti, non solo città e paesaggi, ma anche le abitudini delle persone. Ogni settimana mandavo un'e-mail ai miei amici con le cose più divertenti. Quando sono tornato ho preso quelle e-mail, i miei appunti e li ho fatti diventare un romanzo che uscirà nelle librerie la settimana prossima.

### CINQUE

**F:** L'anno scorso sono riuscita finalmente a fare il viaggio dei miei sogni: un mese intero in Australia! Non avevo mai viaggiato da sola e poco prima di partire mi era venuta un po' di paura e stavo quasi per rinunciare. Poi invece mi sono fatta coraggio e sono partita. E ho fatto bene perché, a parte vedere dei posti stupendi, unici, ho incontrato molte persone che viaggiavano da sole come me e con alcune di loro ho fatto amicizia e ci sentiamo ancora.

### SEI

**M:** Quest'estate siamo stati in Marocco, io, la mia fidanzata e una coppia di amici. Avevamo preparato il viaggio dall'Italia in tutti i particolari: avevamo deciso l'itinerario e prenotato già tutti gli alberghi, perché non volevamo avere brutte sorprese. Ci siamo spostati da una città all'altra con una macchina che abbiamo affittato a Casablanca. Le strade in Marocco sono molto buone e anche le indicazioni stradali, così non abbiamo avuto nessun problema

### QUARTA PARTE

#### UNO

M: Buongiorno… chiamo da *EnergyLight*, parlo con la signora Romano?
F: Sì sono io, mi spiace ma vado di fretta… non mi interessa nulla!
M: Guardi, signora, che non voglio proporle nessuna offerta, chiamo perché la sua ultima fattura relativa al consumo di energia per il bimestre marzo/aprile non ci risulta pagata.
F: Una bolletta non pagata? Ma come è possibile? Ricordo di essere andata alle poste a fare il versamento. Mi dia un attimo che controllo.
M: Sì certo, faccia pure.
F: È vero, ha ragione! Mi dispiace molto. Scusi. Mi deve essere proprio sfuggita. Posso utilizzare il bollettino postale precompilato che ho già?
M: Sì certamente. In alternativa può fare anche un bonifico bancario.
F: Mmh… È complicato, la banca è distante…
M: Oppure, guardi, può anche pagare con carta di credito sul sito.
F: Preferisco andare allo sportello. Lo farò oggi stesso. Grazie. Magari mi informo meglio, per la prossima volta, su come pagare con carta di credito. Ma questa volta faccio come ho sempre fatto.

#### DUE

M: Elena, hai preso il biglietto per il concerto di Firenze?
F: L'ho ordinato sul sito, doveva arrivare tra ieri ed oggi ma sono stata così poco a casa… forse il corriere è passato e non mi ha trovato.
M: Ma no, in questi casi di solito chiamano, vedrai che arriverà a momenti. Piuttosto, prenoto anche per te l'ostello? Io penso di partire il venerdì pomeriggio e tornare la domenica mattina.
F: Guarda, non lo so ancora. Perché vorrebbe venire anche una mia amica che ha una cugina a Firenze e in quel caso ci facciamo ospitare.
M: Ah, ho capito, e quando te lo dirà? Io vorrei prenotare entro la fine della settimana, fammi sapere così ci organizziamo, anche per il viaggio.
F: Certo, grazie!

#### TRE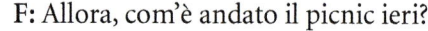

F: Senti, Luca, Claudio domani ha la festa di compleanno della sua compagna di classe. Puoi portarlo tu? È alle cinque.
M: Non credo di fare in tempo, abbiamo una riunione in ufficio alle quattro, potrebbe finire tardi.
F: Io alle quattro e mezza ho il dentista, posso portarlo con me ma non so mai quanto c'è da aspettare lì…
M: Scusa, senti la mamma del suo amico Bruno, abitano così vicino a noi che potrebbe passare a prenderlo lei a casa prima che tu esca, tanto deve portarci anche suo figlio.
F: Sì, hai ragione. È una buona idea. Magari al ritorno ricambiamo il favore e andiamo io e te a riprenderli.
M: Sì, per il ritorno non c'è problema, dille che andiamo noi.

#### QUATTRO

F: Allora, com'è andato il picnic ieri?
M: Benino…
F: Benino? Come mai? Che cosa è successo?
M: Niente di che: il tempo alla fine non è stato male, giusto un po' nuvoloso, anzi così la giornata è stata fresca; abbiamo trovato un bel posticino vicino a un ruscello. Ci sembrava perfetto…
F: E allora?
M: … e allora era pieno di mosche, ma ovunque, mica solo lì dove eravamo noi! Ci hanno ronzato intorno per tutto il tempo, mentre camminavamo, mentre mangiavamo… nemmeno un minuto di tregua! Giulio a un certo punto è impazzito e per non averle più intorno si è gettato in acqua!

## CINQUE

F: Buongiorno Sig. Rossi, sono la preside della scuola.
M: Buongiorno a lei. Valeria si è cacciata nei guai?
F: No, no, anzi. La sto chiamando perché, come saprà, sua figlia è stata selezionata per rappresentare la scuola insieme ad altri ragazzi a una gara nazionale di scrittura.
M: Sì, certo, lo so. Io e sua madre siamo molto orgogliosi.
F: Il fatto è che abbiamo appena avuto comunicazione che la prova finale si terrà a Milano e per questo avremmo bisogno dell'autorizzazione dei genitori per organizzare il viaggio di Valeria e di altri suoi compagni.
M: Capisco. Certo Milano è lontana da qui... Valeria ha solo 14 anni e non ha mai dormito fuori casa da sola...
F: Stia tranquillo, si svolge tutto in una giornata: si parte la mattina e si torna la sera.
M: Ah, in questo caso non ci sono problemi. Le faremo avere presto la nostra autorizzazione.

## SEI

F: Ehi, Pietro, è arrivata poi la nuova libreria?
M: Lasciamo perdere! La libreria è arrivata ma è completamente diversa da quella che avevo ordinato io.
F: Cioè?
M: Ti ricordi? Io volevo una libreria a ponte da montare contro la parete della mia camera, una di quelle con uno spazio nel mezzo dove è possibile mettere la scrivania.
F: Sì, quella bianca che avevamo visto insieme. E allora?
M: Me ne hanno mandata una tutta intera senza il vano per la scrivania, e ovviamente così nella mia stanza non c'entra.
F: E che cosa pensi di fare?
M: Chiamerò il servizio clienti del negozio di mobili, sicuramente risolveranno il problema, ma passeranno giorni! Insomma, una seccatura!

## SETTE

M: Pina, esci con noi oggi pomeriggio?
F: No grazie, devo finire una relazione sul progetto di alternanza scuola-lavoro a cui ho partecipato.
M: Di che si tratta? Io non so nulla di questo progetto.
F: È una cosa che si fa all'ultimo anno: praticamente la scuola ti mette in contatto con delle aziende dove tu vai per un periodo di tempo a imparare un lavoro. Insomma, sono dei percorsi formativi che ti danno dei crediti. Io per tre mesi ho lavorato in un'azienda di informatica che fa siti per la pubblica amministrazione; mi sono occupata di sistemare i dati raccolti dall'azienda per migliorare la consultazione dei siti web del comune. È stato molto interessante vedere come piccoli accorgimenti possono cambiare la qualità di una pagina web.
M: Wow! Che bello! E dà sbocchi lavorativi?
F: Forse... prima devi comunque finire la scuola e poi sperare di aver fatto una buona impressione!

## OTTO

F: Eccoti finalmente! Allora com'è andato il colloquio ieri? Aspettavo una tua telefonata...
M: Alla grande! Mi sono presentato con il completo blu, quello che ho preso a Venezia, ricordi? Sembravo proprio un professionista. Quando il dirigente mi ha ricevuto ero agitato da morire. Poi mi sono seduto e, parlando dei miei studi, piano piano mi sono rilassato; poi gli ho fatto vedere l'album con tutti i miei progetti.
F: E che ha detto?
M: Gli sono piaciuti molto, si è mostrato veramente interessato, mi ha fatto tantissime domande. Poi alla fine mi ha detto che la ditta sta cercando un architetto anche con poca esperienza ma con la mia formazione e che ci saranno ottime opportunità di crescita professionale.
F: Ah sì? Cioè?
M: Per ora mi offriranno un contratto a tempo determinato per un anno, se tutto va bene mi riconfermeranno per uno a tempo indeterminato. Guarda, non mi sembra vero, so che dovrò impegnarmi duramente, ma sono contento di avere finalmente delle prospettive lavorative! Non ne potevo più dei contratti di collaborazione senza nessuna garanzia.
F: Ma allora dobbiamo festeggiare!
M: Aspettiamo che firmi il contratto, prima. Non si sa mai.

## NOVE

F: Mi scusi, ma è impossibile riuscire a dormire nella camera che mi avete assegnato. C'è una confusione pazzesca.
M: Le abbiamo espressamente dato la camera più grande con la vista sul mare, come aveva richiesto.
F: Sì, ma vi siete dimenticati di dirmi che la camera è situata esattamente sopra la cucina. Dalle 5:30 del mattino sento le voci degli inservienti che preparano la colazione per i clienti dell'albergo.
M: Purtroppo non credo che sarà semplice cambiarle la camera, siamo al completo. Ma vedrò cosa posso fare. Sicuramente non sarà spaziosa come quella che ha adesso.
F: Pazienza, basta che sia tranquilla.

## DIECI

F: Allora, come è andata la riunione?
M: Male, molto peggio di come ci immaginavamo.
F: Allora è vero, ci cambieranno di sede?
M: Magari... pare che abbiano deciso di ridurre il personale. Non sappiamo ancora quanti, ma sicuramente alcuni di noi perderanno il posto di lavoro.
F: Dobbiamo fare qualcosa: uno sciopero o una manifestazione.
M: E tanto a che serve? La volta scorsa ci abbiamo provato: è intervenuta pure la polizia e non abbiamo risolto niente...

# Trascrizione dei testi della prova ASCOLTARE

## PRIMA PARTE

### ZERO

F: Sai che mio fratello ha trovato lavoro in un ristorante?
M: Tuo fratello fa il cuoco?
F: No, fa il cameriere!

### UNO

F: Sai che è successo a Sara?
M: Non mi dire che ha di nuovo perso le chiavi di casa!
F: Non ci crederai. Questa volta ha voluto fare di testa sua, è andata dal vicino a chiedere aiuto, si è arrampicata sul muro fino alla finestra di casa sua e ha spaccato il vetro.
M: Non ha chiamato i vigili del fuoco questa volta?
F: Macché! Sai com'è quando si mette in testa di fare qualcosa.

### DUE

M: Com'è andata poi la vacanza a Palermo? Vi siete goduti un po' di sole?
F: Magari! Il tempo è stato davvero pessimo, non ci ha dato neanche un po' di tregua. Abbiamo passato una settimana intera a guardare quadri e affreschi, alcuni nemmeno tanto interessanti. Non sapevamo dove altro andare, però ci siamo fatti una cultura!
M: È un peccato perché il mare là è davvero stupendo! Almeno avrete mangiato bene!
F: Ah! Sai quei due ristoranti che ci avevi suggerito? Ci siamo stati, ma uno stava ristrutturando i locali, l'altro invece era talmente pieno che per sedersi bisognava aspettare almeno due ore. Alla fine ci abbiamo rinunciato.

### TRE

F: Sei in ritardo. Sei venuto con l'autobus?
M: Già... pensavo di fare più in fretta, invece, la mia solita fortuna, ci hanno tamponato!
F: Sul serio?
M: Sì, una macchina non si è fermata all'incrocio e ci è venuta addosso!
F: Oh mamma! Si è fatto male qualcuno?
M: Per fortuna nessun ferito. Solo una signora un po' anziana ha sbattuto una spalla ma non ha voluto che si chiamasse l'ambulanza.

### QUATTRO

F: Hai sentito che mentre i Bianchi erano in vacanza

gli sono entrati i ladri dentro casa?
M: No, davvero? E hanno preso oggetti di valore?
F: Mah, pare che ci fosse molta confusione ma per fortuna non hanno portato via le cose più importanti. Lui aveva un orologio d'oro ma evidentemente era nascosto bene perché non lo hanno toccato. La signora poi aveva una collana di perle abbastanza costosa, quella non riescono a trovarla, è l'unica cosa scomparsa. Invece anche gli orecchini che erano sulla cassettiera sono rimasti lì, chissà. Forse cercavano qualcosa in particolare, o forse i ladri non erano proprio esperti.

### CINQUE

F: Ehi, Carlo, ciao! Come stai? È un sacco di tempo che non ti vedo più in palestra.
M: Sì, quest'anno volevo fare qualcos'altro. Mi sono iscritto a un corso di arti marziali.
F: Dai, che forte! E com'è? Ti piace?
M: Boh, non lo so. In realtà ci sono stato giusto un paio di volte…
F: Come mai? Troppo lavoro in ufficio?
M: In realtà nel frattempo mi sono appassionato al giardinaggio: ho scoperto che "potare rami, travasare piante e giocare con la terra", come dice mia moglie, mi rilassa molto di più dell'attività fisica.

## SECONDA PARTE

### SEI

F: Guido, fammi una cortesia…
M: Dimmi.
F: Mi sta squillando il telefono, devo rispondere. Mi stacchi la spina del ferro?
M: Vuoi che ti porti il telefono?
F: No, pensa al ferro, vado io.

### SETTE

M: Dove mettiamo queste due bottiglie, sotto il lavello della cucina?
F: Non c'è molto spazio, perché non le porti giù in cantina insieme a quelle del vino?
M: Dici? Mi sembrava carino tenerle in casa per usarle spesso, guarda, le possiamo anche usare per mettere l'acqua in tavola.
F: Allora fa' un po' di spazio qui fra i bicchieri così quando servono ce le abbiamo a portata di mano.

### OTTO

F: Accidenti, che confusione, ma che stai facendo?
M: Sto cambiando la disposizione dei mobili. Non trovi che così, con il letto accostato alla parete, la stanza sembri più grande?
F: Mah, non saprei. Forse hai ragione.
M: Ti va di darmi una mano mentre finisco qui?
F: Che devo fare?
M: Spingi la scrivania dall'altra parte della stanza. Lì poi ci metto questa libreria.

### NOVE

F: Direttore, mi aveva chiamata?
M: Sì, c'è da preparare la sala riunioni con le fotocopie da distribuire davanti a ogni postazione. Guardi, prenda qui i fascicoli che ha preparato apposta Lara questa mattina.
F: Perfetto, allora non serve la fotocopiatrice, l'avevo appena accesa.
M: E poi bisogna collegare il computer al proiettore, è meglio fare prima qualche prova perché ogni volta ci riserva qualche sorpresa.
F: Ho visto che qualcuno l'ha già collegato prima, è tutto acceso.

## TERZA PARTE

### ZERO

F: Per il nostro quinto anniversario siamo stati a mangiare in un ristorante vegano. Io avevo molti dubbi e invece siamo stati benissimo. Soprattutto i dolci erano squisiti: io ho preso delle frittelle di mele con la panna e mio marito una mousse al cioccolato. Abbiamo speso un po' tanto, non è proprio un posto economico. Però ci torneremo, magari per il prossimo anniversario.

### DIECI

F: Siamo andati a mangiare in questo ristorante perché avevamo letto dei commenti positivi. Io prima di decidere dove andare mi preoccupo sempre di cercare informazioni sul posto e se vedo commenti troppo negativi preferisco andare da un'altra parte. Comunque mi è sembrato all'altezza delle aspettative, ci siamo trovati bene, come sempre è molto utile leggere l'opinione di altre persone.

### UNDICI

M: È stata proprio una brutta esperienza. Soprattutto per l'atteggiamento del cameriere. Forse era stanco, non saprei dire. È stato molto scortese quando ha preso le ordinazioni, sembrava che avesse fretta di andare da un'altra parte. Gli abbiamo detto che un bicchiere era sporco e lui non ne ha mai portato un altro pulito, alla fine lo abbiamo preso da soli da un altro tavolo.

### DODICI

F: Il locale era nuovo e arredato in stile moderno. Sembrava tutto molto pulito e ordinato. È uno di quei posti in cui sicuramente ritornerei perché mi sento trattata bene e con molto riguardo. Anche il bagno era molto pulito e questo è importante quando vai a mangiare fuori. I camerieri poi sono stati così gentili che gli abbiamo lasciato una bella mancia.

### TREDICI

M: Ristorantino intimo, luci soffuse e musica in sottofondo, molto romantico! Anche il cibo è veramente buono e raffinato, e la carta dei vini è ben rifornita e di ottima qualità. L'unica pecca è il tempo di attesa, più di 40 minuti per ordinare ed il locale non era pieno. Quasi tre ore per una cena di due portate sono decisamente troppe.

### QUATTORDICI

F: È un posto curioso: una stanza stretta e lunga, con la cucina in fondo e un solo tavolo lunghissimo. Ci si siede tutti insieme, dove c'è posto, e quindi praticamente ti ritrovi a mangiare vicino a gente che non hai mai visto prima. All'inizio eravamo un po' imbarazzati poi però dopo pochi minuti abbiamo fatto amicizia con i nostri vicini, due tipi di Grosseto molto simpatici.

### QUINDICI

M: Siamo andati al ristorante *Le tre melarance* perché ce lo aveva consigliato un amico. Ho sempre pensato che avessimo gli stessi gusti ma evidentemente non è così perché non credo di volerci tornare. Il ristorante è anche carino esteticamente ma il cibo... l'arrosto era bruciato praticamente e la pasta ancora cruda. E il dolce... sembrava che lo avessero preparato un mese prima!

## QUARTA PARTE

### ZERO

M: Sonia, ma stai benissimo! Quanto sei dimagrita!
F: Eh sì, ho fatto una dieta. Avevo qualche chilo di troppo e non mi sentivo in forma.

### SEDICI

F: Sai Carlo, pensavo di invitare anche Marcello alla cena di domani, che dici?
M: Marcello? Ma ricordi l'ultima volta? Tutti erano andati via e lui continuava a dire "adesso vado" ma non si muoveva e continuava con i suoi mille racconti. E noi che non sapevamo come fargli capire che volevamo disperatamente andare a dormire.
F: Già, solo quando gli ho chiesto di aiutarmi a lavare i piatti ha detto che era esausto perché aveva lavorato tanto ed è subito andato via.

### DICIASSETTE

M: Hai il computer acceso?
F: Sì, stavo lavorando, perché?
M: Ecco, allora salva tutti i documenti e spegni, per favore: devo staccare la corrente per una decina di minuti.
F: Ma che devi fare?

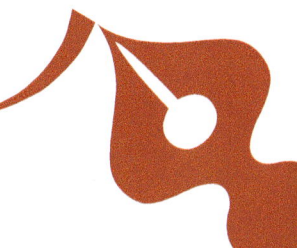

**M:** La stampante non funziona più, ma secondo me è la presa che non va. Voglio smontarla e sistemare i fili.

### DICIOTTO

**F:** Questi della ditta telefonica mi fanno proprio arrabbiare!
**M:** Che ti è successo?
**F:** Devono ancora farmi sapere quando verrà il tecnico per l'attivazione. Dovevano chiamarmi entro ieri, invece li ho richiamati io stamattina e non hanno saputo dirmi niente.
**M:** Quindi alla fine hai deciso di mettere una nuova linea?
**F:** Sì! Mi hanno offerto una soluzione conveniente. Ho già firmato il contratto, ma mi sto già pentendo!

### DICIANNOVE

**F:** Come è andato il fine settimana all'avventura?
**M:** Lasciamo perdere! Mai più! Ho chiuso con il campeggio.
**F:** Dai! Cosa può essere successo di così terribile?
**M:** Cosa è successo? Be', siamo stati giorni e giorni a preparare tutta l'attrezzatura, tende, materassini, sacchi a pelo, ecc. ecc. E una volta arrivati non abbiamo fatto in tempo a montare la tenda che è scoppiato un temporale incredibile. Siamo stati in macchina ore ad aspettare che spiovesse, tanto che abbiamo pensato di andare a cercare un albergo. Alla fine siamo rimasti perché sembrava avesse smesso e invece la notte ha cominciato a diluviare e la tenda si è allagata.

### VENTI

**F:** Che fai domani, Giulio?
**M:** Vado in montagna.
**F:** Dai, pure questo fine settimana? Ci vai spesso, vero?
**M:** Sì, c'è un mio amico che fa la guida che ha una casa lì e mi porta a fare delle passeggiate nei dintorni.
Da quando mi ha portato nei boschi per la prima volta mi sono innamorato di quel posto. Cammino e mi dimentico della fatica della settimana.
**F:** Stai lavorando molto ultimamente?
**M:** Si, in genere sto in ufficio per dodici ore al giorno.

soluzioni

## Soluzioni degli esercizi

**ASCOLTARE** – PRIMA PARTE
1A, 2C, 3A, 4C, 5A, 6A, 7C, 8C, 9A, 10B

**ASCOLTARE** – SECONDA PARTE
1B, 2A, 3A, 4C, 5B, 6B, 7A, 8B

**ASCOLTARE** – TERZA PARTE
primo esercizio: 1E, 2A, 3H, 4C, 5F, 6B
secondo esercizio: 1G, 2B, 3H, 4A, 5F, 6E

**ASCOLTARE** – QUARTA PARTE
1A, 2B, 3A, 4A, 5C, 6B, 7A, 8C, 9B, 10C

**LEGGERE** – PRIMA PARTE
1B, 2D, 3C, 4A, 5B, 6B, 7B, 8D, 9C, 10A, 11A, 12D

**LEGGERE** – SECONDA PARTE
primo esercizio: 1C, 2E, 3D, 4F
secondo esercizio: 1G, 2C, 3D, 4F

**LEGGERE** – TERZA PARTE
primo esercizio: 1F, 2C, 3D
secondo esercizio: 1D, 2F, 3C

**LEGGERE** – QUARTA PARTE
primo esercizio: 1G, 2B, 3I, 4C, 5E
secondo esercizio: 1I, 2H, 3B, 4C, 5D

## Soluzioni delle prove d'esame

**ASCOLTARE**
1B, 2A, 3B, 4C, 5C, 6A, 7B, 8A, 9C, 10B, 11G, 12E, 13F, 14A, 15D, 16A, 17C, 18B, 19B, 20C

**LEGGERE**
1C, 2B, 3D, 4D, 5A, 6C, 7G, 8B, 9C, 10F, 11F, 12B, 13E, 14G, 15E, 16H, 17C, 18F